W0184062

STARK

ABITUR

Prüfungsaufgaben mit Lösungen

Geschichte

Colloquium
Gymnasium
Bayern

STARK

Dieser Band wurde nach den Regeln neuen Rechtschreibung abgefasst.

ISBN: 3-89449-378-X

© 1998 by Stark Verlagsgesellschaft mbH · D-85318 Freising · Postfach 1852 · Tel. (0 81 61) 1790
1. Auflage 1998
Nachdruck verboten!

Inhalt

(Fortsetzung siehe nächste Seite)

Themenbereiche der Jahrgangsstufe 13

Beispiele für den zweiten Prüfungsteil: Fragen zu den weiteren Kurshalbjahren

Themenbereiche der Jahrgangsstufe 12

Themenbereiche der Jahrgangsstufe 13

Autoren:

Christian Feja (Hinweise für das Colloquium)
Dr. Anton Hochberger (Beispiele für den ersten Prüfungsteil)
Dr. Mona Langen (Beispiele für den zweiten Prüfungsteil)

Vorwort

Liebe Abiturientinnen und Abiturienten,

im vorliegenden Band werden Sie erfahren, was in der Colloquiumsprüfung auf Sie zukommt und wie Sie die Belastungen in der Vorbereitung und in der Prüfung bewältigen können. Denn Sie sollen möglichst motiviert, gut vorbereitet und ohne Prüfungsangst in Ihre erste wirklich große mündliche Prüfung gehen.

Der erste Teil beschäftigt sich mit dem Hintergrund der Prüfung. Dort erhalten Sie alle **wichtigen Informationen rund um die Colloquiumsprüfung** (Prüfer, Prüfungsaufbau, Prüfungsdauer, Schwerpunktbildung, Beurteilungskriterien usw.) und Sie erfahren, wie Sie sich möglichst optimal vorbereiten können.

Der zweite und dritte Teil behandeln den inhaltlichen Aspekt der Colloquiumsprüfung: An **ausgewählten Beispielen** werden zuerst Aufgabenstellungen zum ersten Prüfungsteil (Referat mit anschließendem Gespräch) vorgestellt. Da viele Schüler Schwierigkeiten haben, ihr Wissen auf die vorgegebene Aufgabe anzuwenden, nehmen die **Hinweise zur Themenerschließung** und die Gliederung des Kurzreferats hier einen breiten Raum ein. **Mögliche Fragen zum Kurzreferat** schließen die einzelnen Einheiten ab.

Die Fragen zu den weiteren Kurshalbjahren decken den zweiten Prüfungsteil ab. Hier finden Sie eine **Liste von zentralen Aufgabenstellungen** sowie die entsprechenden Lösungsvorschläge.

Die vorliegenden Beispiele zu den Kurzreferaten und zum Gespräch über die weiteren Ausbildungsabschnitte sollen Ihnen Anregungen dafür geben, welche **Themenschwerpunkte** Sie wählen, wie Sie Ihr **Kurzreferat** strukturieren und welche Fragen möglicherweise auf Sie zukommen. Natürlich können wir in diesem Band nicht alle möglichen Aufgaben- und Fragestellungen abdecken, wir können Sie aber auf zentrale Inhalte hinweisen, die man an verschiedene Fragestellungen anpassen kann.

Für Ihre Colloquiumsprüfung wünschen wir Ihnen gutes Gelingen!

Ihr Autorenteam

Die Zeit läuft ...

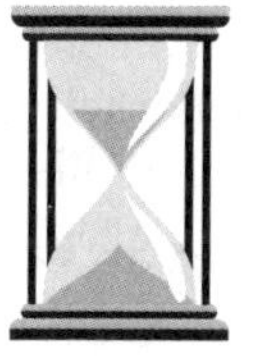

Hinweise und Tipps für das Colloquium

... auch in letzter Minute

1 Grundsätzliche Überlegungen

Das Colloquium ist der Bereich der Abiturprüfung, dem ein Teil der Schüler mit viel Gelassenheit und großer Hoffnung entgegensieht; ein anderer Teil empfindet dagegen im Gedanken daran häufig Unsicherheit und Angst. Beides hat seinen Ursprung im **besonderen Charakter des Colloquiums:** Während die Prüfungen in den Leistungskursfächern und im dritten Abiturfach schriftlich sind und damit dem Prüfungsgebrauch folgen, den die Schüler über fast zehn Jahre eingeübt haben, werden beim Colloquium als mündliche Prüfung ganz andere Fähigkeiten erwartet.
Für den Lehrer als Prüfer wie für Sie als Prüfling ist diese **Situation ungewohnt.** Denn der Lehrer prüft zwar ständig mündliche Leistungen, z. B. bei Rechenschaftablagen, doch selten in Gegenwart eines Kollegen, nie über einen so langen Zeitraum und nie mit einer solchen Konsequenz für die Zukunft eines Schülers wie beim Colloquium. Sie als Schüler müssen dagegen im Colloquium fähig sein, **das Gelernte rhetorisch möglichst geschickt darzustellen.** Das heißt, dass von Ihnen Fertigkeiten gefordert werden, die in Ihrer Schulvergangenheit wahrscheinlich nur selten im angemessenen Umfang eingeübt wurden, und dass Sie sich einer **Prüfungssituation** gegenübersehen, die Sie nur **schwer einschätzen** können.

Diese Ungewissheit führt zu zwei sehr unterschiedlichen Reaktionen: Schüler, die von sich glauben, reden zu können und die mit schriftlichen Prüfungen schlechte Erfahrungen gemacht haben, knüpfen an das Colloquium große Erwartungen; sie neigen leicht zur Euphorie und dazu, die Vorbereitung nicht ernst genug zu nehmen. Schüler, die bisher gute schriftliche Leistungen erzielten, aber Schwierigkeiten haben, sich vor anderen Menschen darzustellen, fürchten sich bisweilen davor.

2 Die Vorbereitung

Ziel Ihrer Vorbereitung muss es sein, in der Prüfung eine **Atmosphäre der Sicherheit** zu schaffen. Das ist jedoch nur möglich, wenn Sie sich darüber im Klaren sind, dass

- Sie das richtige Fach gewählt haben,
- Sie mit dem Prüfer zurechtkommen und
- Sie alles Wichtige wissen.

2.1 Die Wahl des Colloquiumsfachs

Die wichtigste Entscheidung, die Sie bei der Vorbereitung auf das Colloquium treffen müssen, ist, in welchem Fach Sie sich prüfen lassen. Dabei sollten Sie jedoch nicht nur auf die Noten im Jahreszeugnis blicken, da diese Ergebnisse in den Schulaufgabenfächern hauptsächlich die schriftlichen Leistungen wiedergeben, sondern besonders die **mündlichen Noten** in die Entscheidung einbeziehen. Folgende Fragen können die Wahl erleichtern:

1. Interessiert mich der Fachbereich? Wo liegen meine Interessensschwerpunkte?
2. Kann ich der Denkweise folgen, die dem Fach zugrunde liegt?
3. Verfüge ich über das Vorwissen aus den vergangenen Jahren?
4. Werden in der Prüfung mehr Kenntnisse oder mehr praktische Fähigkeiten erwartet?
5. Liegt es mir mehr, Sachwissen aufzunehmen oder mir bestimmte Fähigkeiten anzueignen?
6. Welche Leistungen habe ich in diesem Fach erbracht?

Wenn Sie Geschichte als Colloquiumsfach wählen, müssen Sie wissen, dass …

- der reine **Lernstoff** dieses Fachs sehr **umfangreich** ist. Es sollte daher ein grundlegendes Interesse für das Fach vorhanden sein. Schwierig ist es, wenn Sie aufgrund einer Notenkonstellation Geschichte wählen müssen und Sie das Fach eigentlich nicht interessiert: Die Vorbereitung kann so leicht zur Qual werden.
- **Geschichte kein reines Lernfach** ist, sondern dass es auch eine geisteswissenschaftliche Logik gibt, der das Denken in diesem Fach folgt. Das Besondere daran ist die Verknüpfung von politischen, wirtschaftlichen, sozialen und kulturellen Fakten zur Erklärung von historischen Gegebenheiten. Es reicht in der Prüfung folglich nicht, nur Auswendiggelerntes wiederzugeben.
- fast jede historische Entwicklung aus ihrer **Vorgeschichte** erklär- und verstehbar wird. Das heißt zum einen, dass Sie aus der 11. Klasse ein gewisses **Grundwissen** mitbringen müssen, z. B. über die Staatstheorien der Aufklärung, die Französische Revolution oder Deutschland im Vormärz. Zum anderen sollten Sie wissen, dass es in der Kollegstufe am sinnvollsten ist, **kontinuierlich mitzulernen,** weil oft nur mit einem gewissen Vorwissen bestimmte Entwicklungen verständlich sind. Andernfalls besteht die Gefahr, dass Sie nur Einzelheiten, nicht aber den historischen Zusammenhang erfassen.
- in der Prüfung von Ihnen **Sachwissen, praktische Fähigkeiten** bei der Quellenanalyse und die Fähigkeit verlangt werden, das Sachwissen in neue **Zusammenhänge** zu stellen sowie zu **bewerten.** Die Grundlage bildet die Arbeit mit einer Quelle (Text, Bild, Statistik, Lied o. ä.); auf ihr baut die weitere Prüfung auf. Das hat den Vorteil, dass Sie meist Ihr Colloquiums-Referat beginnen können, ohne dass Sie gleich Sachwissen darlegen müssen. Dadurch gewinnen Sie Sicherheit – wenn Sie über diese praktischen Fähigkeiten verfügen.

2.2 Die Wahl des Prüfers

Fast ebenso wichtig wie die Entscheidung für oder gegen ein bestimmtes Fach ist die für oder gegen einen bestimmten Lehrer. Da Sie sich den Kursleiter, d. h. den Prüfer, nicht aussuchen können, sollten Sie bei der Wahl des Colloquiumsfachs darauf achten, dass Sie mit dem Prüfer und dessen Fragetechnik gut zurechtkommen. **Verlassen Sie sich dabei auf Ihre eigenen Erfahrungen!** Ignorieren Sie Gerüchte, da Sie über diese nur selten Neues erfahren und Sie wahrscheinlich nur verunsichert werden! In der Regel variieren Gerüchte nur alte Vorurteile.

Der beste Prüfer ist in der Regel derjenige, der für Sie am besten **einschätzbar** ist – auch wenn er den Ruf haben sollte, etwas strenger zu sein. „Streng" heißt in diesem Zusammenhang nämlich meist, dass er von seinen Prüflingen ein angemessenes Sachwissen sowie die eingeübten Fähigkeiten verlangt und diese dann entsprechend bewertet. Beide Voraussetzungen können Sie sich jedoch selbstständig erarbeiten.

Wichtig für den Gesprächsteil der Prüfung ist, mit welcher **Fragetechnik** der Prüfer arbeitet. Es gibt nämlich – grob gesprochen – zwei recht gegensätzliche **Prüfertypen:**

Manche Prüfer fragen hauptsächlich **Faktenwissen,** die Darstellung des Wissens hat dabei nur ein geringes Gewicht. Sie prüfen meist sehr kurzschrittig, erwarten bestimmte Schlag- und Stichworte und lassen den Schüler kaum zur Entfaltung kommen. Wenn Sie gerne auswendiglernen und sich auch die Fragen merken können, die den Schlagworten zugeordnet werden, dann sollten Sie sich von diesen Lehrern prüfen lassen.

Es gibt aber auch Prüfer, die meist recht **offene Fragen** stellen. Sie erwarten von den Schülern, dass sie **Zusammenhänge** her- und auch gut darstellen können. Hier haben Sie zwar mehr Entfaltungsmöglichkeiten, doch wird von Ihnen eine anspruchsvollere geistige Leistung gefordert: Sie müssen sowohl über ein fundiertes Wissen verfügen als auch über die Fähigkeit, Fakten logisch miteinander zu verknüpfen und Ereignisse und Aussagen zu bewerten. Gerade diese Fähigkeiten sind jedoch nicht kurzfristig einübbar und stellen daher auch ein gewisses Risiko dar.

Zu welchem Typus der Lehrer tendiert, bei dem Sie das Colloquium ablegen wollen, lässt sich leicht bei Abiturienten der letzten Prüfungsjahrgänge erfragen oder ergibt sich aus der Art und Weise, wie er die Rechenschaftsablagen im laufenden Unterricht gestaltet.

Gleichgültig, wer der Prüfer ist, Sie müssen wissen: **Der Prüfer will nichts Böses!** Er hat nämlich kein Interesse, Ihnen eine schlechte Note zu geben. Das liegt zum einen daran, dass eine Prüfung immer das wiedergibt, was der Schüler im Unterricht gelernt hat: eine schlechte Note zeigt auch, dass es dem Lehrer nicht gelungen ist – mit den ihm zur Verfügung stehenden Mitteln – den Lernerfolg sicherzustellen. Zum anderen verliert die Notengebung im Abitur die Funktion der Disziplinierung, denn Sie stehen am Ende Ihrer Schulkarriere.

2.3 Die Aufarbeitung des Lernstoffs

Wenn Sie überzeugt sind, mit Geschichte als Colloquiumsfach und dem Prüfer die richtige Wahl getroffen zu haben, beginnt die **inhaltliche Vorbereitung** der Prüfung. Da die Appelle wohlmeinender Kursleiter, die Prüfung lang- bis mittelfristig vorzubereiten, meist ungehört verhallen, soll im Folgenden von einer kurzfristigen Vorbereitung ausgegangen werden, die mit der Wahl des Prüfungsschwerpunktes beginnt.

Was kann und wie soll ich wählen?

(vgl. GSO § 71, GSO Anlage 11)

Spätestens 14 Tage vor dem Termin der Colloquiumsprüfung müssen Sie Ihren Prüfungsschwerpunkt auswählen und sich entscheiden, welche Lerninhalte Sie für die Prüfung ausschließen wollen. Dazu bekommen Sie rechtzeitig von Ihrem Kursleiter eine Aufstellung der Themenbereiche der einzelnen Ausbildungsabschnitte mit den ihnen zugeordneten Begleitlektüren.

Beispiel: Liste der Themenbereiche und Begleitlektüren

1. **Ausbildungsabschnitt** (12. Klasse, 1. Halbjahr)
   1. Themenbereich: Bayern auf dem Weg zum modernen Staat
   2. Themenbereich: Die Reichsgründung und ihre europäische Bedeutung
   3. Themenbereich: Kaiserreich und Erster Weltkrieg

   Begleitlektüre:
   Michael Stürmer: Reichsgründung, München 1984, S. 64–82, 93–97.
2. **Ausbildungsabschnitt** (12. Klasse, 2. Halbjahr)
   1. Themenbereich: Die Neuordnung Europas und die Weimarer Republik
   2. Themenbereich: Die Entstehung totalitärer und autoritärer Systeme in Europa
   3. Themenbereich: Deutschland unter dem Nationalsozialismus (ohne Außenpolitik)

   Begleitlektüren:
   - Kurt Sontheimer: Die Weimarer Republik. Verfall und Versprechen einer deutschen Demokratie. In: Deutschland – Wandel und Bestand. Eine Bilanz nach hundert Jahren, hg. von Edgar Joseph Feuchtwanger, München 1976, S. 92–109.
   - Eberhard Jäckel: Hitler und die Deutschen. In: Nationalsozialistische Diktatur 1933–1945. Eine Bilanz, hg. von Karl-Dietrich Bracher, Manfred Funke und Hans-Adolf Jacobsen, Bonn 1986, S. 706–720.
3. **Ausbildungsabschnitt** (13. Klasse, 1. Halbjahr)
   1. Themenbereich: Internationale Politik und Zweiter Weltkrieg
   2. Themenbereich: Bedingungen und Probleme des Neubeginns nach dem Ende des Zweiten Weltkrieges
   3. Themenbereich: Deutschland in den fünfziger Jahren

   Begleitlektüre:
   Thilo Vogelsang: Die nationalsozialistische Zeit. In: Deutsche Geschichte – Ereignisse und Probleme, hg. von Walter Hrubatsch, Frankfurt 1980, S. 80–112.
4. **Ausbildungsabschnitt** (13. Klasse, 2. Halbjahr)
   1. Themenbereich: Deutschlands Weg von den fünfziger Jahren in die Gegenwart
   2. Themenbereich: Die europäische Einigung
   3. Themenbereich: Weltpolitik im Wandel

   Begleitlektüre:
   Hermann Glaser: Kulturgeschichte der Bundesrepublik Deutschland, Band III, München – Wien 1989, S. 19–39.

Sie können nun entweder den ersten oder den zweiten Ausbildungsabschnitt **abwählen.** Aus den verbleibenden drei Ausbildungsabschnitten wählen Sie dann wiederum denjenigen aus, der Ihren **Prüfungsschwerpunkt** enthält, d. h. den Bereich, aus dem das Referatthema gestellt wird.

Beispiel: Festlegung der Prüfungsschwerpunkte

Schüler X wählt den ersten Ausbildungsabschnitt ab; jetzt verbleiben ihm noch der zweite, dritte und vierte Abschnitt. Nun wählt er aus dem vierten Ausbildungsabschnitt den Themenbereich „Die europäische Einigung" als Prüfungsschwerpunkt. Damit bestimmt er bereits die Inhalte der beiden Prüfungsabschnitte: Der erste Teil behandelt sein Schwerpunktthema, also „Die europäische Einigung", die anderen Themenbereiche aus dem vierten Ausbildungsabschnitt sind ohne Belang. Im zweiten Teil der Prüfung geht es um die Lerninhalte des zweiten und dritten Ausbildungsabschnittes.

Wenn man erfahrene Lehrer fragt, welches das leichteste Kurshalbjahr ist und welches meist abgewählt wird, so lautet in beiden Fällen oft die Antwort: Es ist das Semester 12/1. Das sollte Ihnen zu denken geben.

Welchen Prüfungsschwerpunkt wähle ich?

Es gibt grundsätzlich zwei unterschiedliche Herangehensweisen bei der Wahl des Prüfungsschwerpunktes:

Bei der ersten folgen Sie Ihren **Fähigkeiten** und wählen den Themenbereich, in dem Ihr Interesse am größten und Ihre Kenntnisse am solidesten sind, in dem Sie möglicherweise schon ein Referat gehalten haben und besonders ausführliche Unterlagen besitzen. So sollten Sie wählen, wenn Ihre Motivation und Ihr Wissen groß, Ihre Absenzen gering und Ihre Unterlagen vollständig sind – kurz: So wählen Sie, wenn Sie ein **guter Schüler** sind und Ihre an sich schon guten Noten weiter verbessern wollen.

Bei der zweiten Herangehensweise, die besonders für **schlechte und mittelmäßige Schüler** vorteilhaft ist, setzen Sie Ihren Schwerpunkt bewusst in dem Semester, in dem Sie deutliche **Lücken** haben. Mit der Wahl des Prüfungsschwerpunktes schließen Sie nämlich gleichzeitig die beiden anderen Themenbereiche des Halbjahrs aus. In der Praxis sieht das so aus: Sie überlegen sich, in welchen Halbjahren Sie einigermaßen vollständige Unterlagen haben, und wählen diese bewusst **nicht** als Schwerpunkt, da Sie mit dem Material den zweiten Teil der Prüfung abdecken können. Aus dem verbleibenden Semester wählen Sie dann den Themenbereich zum Schwerpunkt, zu dem Sie den besten Zugang sowie die meisten Unterlagen haben. Die beiden anderen Themenbereiche dieses Halbjahrs werden nicht geprüft.

Wie organisiere ich meine Arbeit?

Bevor Sie mit dem eigentlichen Lernen beginnen, sollten Sie sich **Rahmenbedingungen schaffen**, die es Ihnen ermöglichen, all das fernzuhalten, was Ihre Konzentration auf den Lernstoff beeinträchtigen könnte. Das bedeutet im besten Fall, dass Sie sich für ein paar Tage an einen Ort zurückziehen, an dem Sie nicht erreichbar sind. Es kann aber auch heißen, dass Sie z. B. Ihren Schreibtisch aufräumen, das Telefon in den Lernphasen abstellen oder, wenn dies nicht möglich ist, Ihre Eltern oder Geschwister bitten, alle Anrufer, die Sie sprechen wollen, auf einen späteren Zeitpunkt zu vertrösten.

Darüber hinaus sollten Sie alles tun, um die Aufnahme des Lernstoffes zu verbessern: Dazu gehört eine vernünftige **Zeit- und Tagesplanung**. Ganz allgemein kann man sagen, dass Sie die Colloquiumsvorbereitung so einteilen sollten, dass die Lerneinheiten zur Prüfung hin immer intensiver und ihre Abstände kürzer werden. Das ergibt sich schon daraus, dass Sie in der Frühphase Ihrer Vorbereitung mehrere Prüfungen gleichzeitig vorbereiten müssen.

Mehr als fünf Stunden an einem Tag sollten Sie nicht lernen, weil sonst leicht Ihr **Aufnahmevermögen** und Ihre **Motivation** sinken. Teilen Sie sich den Tag auch so ein, dass der Vormittag für Neues und der Nachmittag eher für die Wiederholung reserviert ist! Achten Sie auf regelmäßige **Pausen** und halten Sie sie auch ein! Belohnen Sie sich, wenn Sie Ihr Pensum geschafft haben! Arbeiten Sie möglichst nicht mehr, aber auch nicht weniger als Sie geplant haben! Vermeiden Sie „Nachtschichten“; sie haben zwar einen hohen Erzählwert, aber …

Beispiel: Mögliche Einteilung eines Lerntages

1. Einheit:	9 Uhr	bis	10 Uhr 30
PAUSE:	10 Uhr 30	bis	11 Uhr
2. Einheit:	11 Uhr	bis	12 Uhr 30
PAUSE:	12 Uhr 30	bis	15 Uhr
3. Einheit:	15 Uhr	bis	16 Uhr 15
PAUSE:	16 Uhr 15	bis	17 Uhr
4. Einheit:	17 Uhr	bis	17 Uhr 45
	Lernzeit: 5 Stunden		

Als sehr effektiv hat sich die Arbeit in einer **Lerngruppe** erwiesen, die sich von Zeit zu Zeit trifft, deren Teilnehmer sich gegenseitig über ihren Lernfortschritt informieren und bei der auch Unklarheiten beseitigt werden können.

Tipps zur Vorbereitung

- Beginnen Sie rechtzeitig mit dem Lernen!
- Arbeiten Sie nach einem Zeitplan!
- Lernen Sie in kleinen Einheiten!
- Halten Sie sich an Ihre Planung!
- Kontrollieren Sie Ihren Lernfortschritt in einer Lerngruppe!
- Wechseln Sie die einzelnen Fächer ab!
- Fragen Sie Ihre Mitschüler oder den Kursleiter, wenn Sie etwas nicht verstanden haben!

Wie erarbeite ich meinen Lernstoff?

Den Lernstoff erarbeiten Sie möglichst systematisch. Natürlich gibt es viele empfehlenswerte Systeme, von denen hier nur eines vorgestellt werden soll:

1. Verschaffen Sie sich einen **Überblick** über Ihren Lernstoff. Am besten eignen sich dafür Lexikonartikel oder Übersichtsartikel aus „Informationen zur politischen Bildung“ (hrsg. von der Bundeszentrale für politische Bildung; hat in der Regel der Kursleiter).

2. Im Anschluss daran **gliedern** Sie sich am besten das Thema selbst und erarbeiten die einzelnen Punkte anhand Ihrer Unterlagen und anhand von Schulbüchern der Mittelstufe (9. und 10. Klasse). Diese sind meist etwas einfacher aufgebaut als die Bücher der Kollegstufe, folgen aber ähnlichen Inhalten. Jetzt müssten Sie eigentlich das **Grobwissen** haben, das Sie für die Prüfung brauchen.

3. Die **Details** prägen Sie sich ein, wenn Sie mit den Schulbüchern der Kollegstufe das bereits Gelernte vertiefen. Empfehlenswert ist es, besonders die Quellen noch einmal durchzuarbeiten, die bereits im Unterricht besprochen wurden. Da Prüfer häufig Quellen aus anderen Schulbüchern zur Grundlage ihrer Prüfungsaufgaben machen, sollten Sie sich – wenn Sie noch genügend Zeit haben – auch mit diesen beschäftigen.

Von großer Bedeutung ist es, dass Sie **alle Unklarheiten beseitigen**. Häufig neigt man nämlich dazu – besonders, wenn es um inhaltliche Zusammenhänge geht –, oberflächlich zu werden und sich zu denken: „Das wird schon irgendwie gehen.“ Da dies jedoch meist die Bereiche sind, an denen es sich zeigt, ob Sie die Zusammenhänge verstanden haben, sollten Sie nicht auf den Zufall vertrauen, sondern sich um Antworten bemühen.

Wie erschließe ich mir die Begleitlektüre?

Bei den Begleitlektüren können Sie viele **Gruppen** unterscheiden; die häufigsten sind jedoch folgende:

1. Texte, die ein geschichtliches Ereignis nachträglich kommentieren (Sekundärliteratur)
2. Texte, die ein geschichtliches Ereignis zeitgenössisch kommentieren (Quellen, z. B. Briefe, Zeitungskommentare, Tagebücher)
3. Texte, die ein geschichtliches Ereignis aus einer anderen Perspektive darstellen (z. B. außereuropäische Perspektive oder lokale Perspektive)

Für Texte der ersten beiden Gruppen muss Ihre **Leitfrage** lauten: „Was ist die zentrale Aussage des Autors und wie kommt er dazu?“; für Texte aus der dritten Gruppe: „Was war anders? Wie kommt es zu diesem Unterschied?“

Anhand folgender **Leitlinien** können Sie grundsätzlich jede Begleitlektüre weiter erschließen:

- Bringen Sie Biografisches über den Autor in Erfahrung!
- Fassen Sie den Inhalt der Begleitlektüre in Thesen zusammen!
- Welche Problemstellung greift der Text auf?
- Welche Position nimmt der Autor zu einem bestimmten Problem ein?
- Nehmen Sie kritisch zu den Aussagen des Autors Stellung (Methodik, Konsequenzen, Schwachstellen)!

3 Die Colloquiumsprüfung

Tipps zur Vorbereitung direkt vor der Prüfung

- Kleiden Sie sich so, dass Sie sich wohl fühlen! Lassen Sie aber erkennen, dass Sie die Prüfung ernst und wichtig nehmen!
- Vergessen Sie Bleistifte, Textmarker, Füller oder Kugelschreiber nicht!
- Lassen Sie sich nicht von Gerüchten anderer Kollegiaten aus dem Konzept bringen!

3.1 Der Ablauf der Prüfung

Das Colloquium dauert insgesamt eine Stunde und lässt sich in zwei Phasen einteilen: in die Vorbereitungszeit und in die eigentliche Prüfung.

Zusammenfassend ergibt sich folgender Prüfungsverlauf:

- **Vorbereitungszeit** (ca. 30 Min.):
  - Übergabe der Aufgabenstellung des Kurzreferats in schriftlicher Form
  - Vorbereitung des Kurzreferats
- **Prüfungsteil 1** (ca. 15 Min.):
  - Kurzreferat (ca. 10 Min.)
  - Gespräch über das Referat mit weiterführenden Fragen zum gewählten Themenkreis (ca. 5 Min.)

  Inhaltliche Grundlage: Schwerpunktbereich
- **Prüfungsteil 2** (ca. 15 Min.):
  Gespräch zu Problemstellungen aus zwei weiteren Ausbildungsabschnitten unter Einbeziehung der Begleitlektüre;
  Inhaltliche Grundlage: zwei weitere Ausbildungsabschnitte; Begleitlektüre

Beispiel: Prüfungsablauf

14.00 Uhr	Ankunft des Schülers im Vorbereitungsraum; Ausgabe des Referatthemas zum Prüfungsschwerpunkt durch eine der beiden Prüfungsaufsichten;
14.00 Uhr bis 14.30 Uhr	Vorbereitung des Referats;
14.30 Uhr bis 14.45 Uhr	Referat über den Prüfungsschwerpunkt „Die europäische Einigung"; anschließend: Gespräch über den Prüfungsschwerpunkt;
14.45 Uhr bis 15.00 Uhr	Gespräch über die Lerninhalte des zweiten und dritten Ausbildungsausschnitts

3.2 Die Vorbereitungszeit

Sie finden sich – gemeinsam mit allen anderen Kandidaten, die zeitgleich geprüft werden – zum festgesetzten Zeitpunkt im Vorbereitungsraum ein. Dort erhalten Sie von einer der beiden Prüfungsaufsichten das Thema für das Kurzreferat.

Mit dem **Kurzreferat** sollen Sie zeigen, dass Sie ...

- über Sachwissen verfügen und
- innerhalb von 10 Minuten dieses Sachwissen klar und nachvollziehbar gegliedert auf die Frage anwenden können.

Die **Vorbereitungszeit** sollten Sie sich **gut einteilen,** damit Sie sie optimal nutzen können und nicht unter Zeitdruck kommen. Der **Zeitplan** könnte in etwa so aussehen:

1. Erfassen des Themas (5 Minuten)
2. Gliederung des Themas (7 Minuten)
3. Ausarbeitung der einzelnen Gliederungspunkte (10 Minuten)
4. Ausarbeitung des Schlusses und des Einleitungsteils (5 Minuten)
5. Korrektur und Überarbeitung (3 Minuten)

Sie sollten sich genügend Zeit lassen, um das **Thema exakt zu erfassen**; denn nichts ist in einer Prüfung schlechter, als das Thema zu verfehlen. Meist enthält die Aufgabenstellung eine Frage in der Form eines indirekten Fragesatzes. Diesen sollte Sie in einen direkten **umformulieren,** damit kein Zweifel darüber aufkommen kann, was eigentlich gefragt ist. Empfehlenswert ist es auch, Substantivierungen und Infinitivkonstruktionen aufzulösen, so dass mögliche Verkürzungen in der Fragestellung deutlich werden.

Beispiel: Umformulierung der Aufgabenstellung

Aufgabenstellung:
Erläutern Sie, ausgehend von der unten stehenden Karikatur, die Problematik der Umsetzung des Potsdamer Abkommens!

(Karikatur von Brockmann aus: Dieter Franck. Jahre unseres Lebens 1945–1949. München, o. J.)

Umformulierung:
Welche Probleme gab es, als die Alliierten die Bestimmungen des Potsdamer Abkommen in die Praxis umsetzten?

Aus der Fragestellung ergibt sich in der Regel die **Grobgliederung des Referates.** Sie sollte sinnvoll und übersichtlich sein und daher zwischen drei und fünf Gliederungspunkte enthalten.

Beispiel: Grobgliederung eines Referats

A) Einleitung

B) Probleme bei der Umsetzung des Potsdamer Abkommens
   I) Probleme mit den politischen Grundsätzen
   II) Probleme mit den wirtschaftlichen Grundsätzen
   III) Probleme mit den territorialen Bestimmungen

C) Schluss

Erst jetzt werden die einzelnen Gliederungspunkte **ausgearbeitet**. Dies sollte – allein aus Zeitgründen – in **Stichpunkten** geschehen; nur Zitate sollten Sie wörtlich notieren. Dies gilt auch für Zitate aus einem Quellentext, der Ihnen vorliegt, da die Suche nach dem richtigen Zitat beim Vortrag den Redefluss unnötig unterbricht. Wenn die Zeit bei der Vorbereitung nicht ausreichen sollte, die Zitate abzuschreiben, kennzeichnen Sie sie so im Text, dass Sie sie auf den ersten Blick erfassen können.

Nehmen Sie bei Ihrem Referat eine möglichst **gemäßigte Position** ein und vermeiden Sie allzu extreme und pauschale Urteile! Belegen Sie Ihre Aussagen mit Textstellen oder Beispielen: **Keine Aussage ohne Beleg!** Zeigen Sie, dass Sie den **Fachwortschatz** beherrschen! Benützen Sie jedoch nur Fachwörter, deren Bedeutung Sie verstehen!

Einleitung und **Schluss** spielen bei einer Rede und daher auch beim Kurzreferat eine wichtige Rolle: Mit einer guten Einleitung können Sie Ihren Prüfer positiv auf den Hauptteil einstimmen; mit einem guten Schluss zeigen Sie z. B., dass Sie das Referat inhaltlich wie zeitlich exakt geplant haben. Beide Teile bieten Ihnen im Gegensatz zum meist recht sachlichen Hauptteil die Möglichkeit zu einer **positiven Selbstdarstellung.** Sie sollten sie daher auch in diesem Sinne nutzen. Gute Einleitungsvarianten sind z. B. ein passendes Zitat, eine Anekdote oder, wenn es sich anbieten sollte, der Hinweis auf einen Jahrestag. Im Schluss können Sie Ihre Ergebnisse noch einmal thesenartig zusammenfassen, bevor Sie sich z. B. wieder auf die Einleitung beziehen oder auf ein wichtiges benachbartes Thema hinweisen.

Tipps zum Stichwortzettel

- Gestalten Sie den Stichwortzettel so, dass Sie jederzeit das Wichtigste auf einen Blick erfassen können!
- Nummerieren Sie die Zettel!
- Beschreiben Sie die Zettel nur einseitig und legen Sie diejenigen, die Sie nicht mehr benötigen, ohne umzublättern nach rechts auf einen Stapel! So haben Sie das, was Sie gerade sagten, noch im Blick, und Ihr Redefluss wird durch den Seitenwechsel nicht unterbrochen.
- Arbeiten Sie mit unterschiedlichen Farben, z. B. Blau für die Darstellung und Rot für die Zitate!
- Kleben Sie nicht sklavisch an Ihren Notizen! Betrachten Sie sie als Hilfmittel für die freie Rede!

3.3 Die eigentliche Prüfung

Die eigentliche Colloquiumsprüfung gliedert sich wiederum in **zwei Prüfungsteile von je 15 Minuten Dauer** *(vgl. GSO § 71)*:

1. Kurzreferat des Schülers zu dem ihm gestellten Thema aus dem gewählten Prüfungsschwerpunkt sowie ein Gespräch über das Kurzreferat;

2. Gespräch zu den Problemstellungen aus zwei weiteren Ausbildungsabschnitten; dieses Gespräch bezieht auch die Begleitlektüren ein.

Die Prüfung wird vom so genannten **Fachausschuss** durchgeführt, der aus mindestens zwei Mitgliedern besteht, die die Lehrbefähigung im Fach Geschichte haben *(GSO §§ 66–68)*. Der eine, in der Regel der Kursleiter, ist der Vorsitzende; er prüft. Der andere, oft der Kursleiter eines Parallelkurses, ist der Schriftführer, der die Prüfung protokolliert. An einigen Schulen ist es üblich, dass auch ein Mitglied des so genannten Prüfungsausschusses an der Prüfung teilnimmt. Dieser besteht aus dem Schulleiter, seinem ständigen Vertreter sowie den Kollegstufenbetreuern. Diese können formal den Vorsitz im Fachausschuss übernehmen. Sie greifen jedoch nur in Ausnahmefällen in die eigentliche Prüfung und in die Bewertung ein.

Die **Leistung** in der Colloquiumsprüfung **bewertet** der Fachausschuss. Sollten sich dessen Mitglieder nicht einigen können, was recht selten der Fall ist, wird die Punktzahl vom Vorsitzenden des Ausschusses festgelegt.

Zur **Festsetzung des Prüfungsergebnisses** heißt es in der GSO (§ 73. 3):

„Die Leistungen der beiden Prüfungsteile *(d. i. 1. Kurzreferat mit Gespräch zum Prüfungsschwerpunkt und 2. Gespräch zu zwei weiteren Ausbildungsabschnitten; d. Verf.)* werden mit je zwei Punktzahlen bewertet. Die erste Punktzahl wird für die Gesprächsfähigkeit (Beurteilungsbereich 1), die zweite für die fachlichen Kenntnisse und Fähigkeiten (Beurteilungsbereich 2) erteilt."

Die vier Einzelnoten sind **gleichwertig;** die Maximalpunktzahl der Colloquiumsprüfung für das Prüfungsergebnis im Abitur beträgt also 4 x 15 = 60 Punkte. Zusammen mit der Vorgabe der Halbjahresleistung aus 13/2 ergeben sich für das 4. Abiturprüfungsfach maximal 75 Punkte.

Beurteilungsbereiche

Hinsichtlich der **Gesprächsfähigkeit** wird beurteilt, inwieweit Sie die Fähigkeit gezeigt haben,

- in freier Rede über ein Thema zu referieren (Prüfungsteil 1) oder auf eine Frage zu antworten (Prüfungsteil 2),
- auch komplexe Sachverhalte logisch, übersichtlich und anschaulich darzustellen,
- das Wesentliche zu erfassen und herauszustellen,
- stringent zu argumentieren,
- sich auf ein Gespräch zu konzentrieren, auf Impulse, Einwände und Anregungen des Prüfers einzugehen.

Hinsichtlich der **fachlichen Kenntnisse** wird beurteilt, inwieweit Sie in der Lage sind,

- ein Thema oder eine Frage exakt zu erfassen und mit einem soliden Fachwissen zu bearbeiten bzw. darauf zu antworten,
- fachspezifische Verfahrensweisen (z. B. Quellenkritik) anzuwenden und mit der Fachterminologie korrekt umzugehen,
- unterschiedliche Standpunkte zu erfassen, den eigenen zu beziehen und von anderen abzugrenzen,
- Einzelfakten in übergeordnete Zusammenhänge einzufügen und fachgerechte sowie fächerübergreifende Verbindungen herzustellen,
- Sachverhalte und Probleme zutreffend zu beurteilen.

Gesprächsfähigkeit und fachliche Kenntnisse werden **gleich gewertet**, wobei festzustellen ist, dass in der Praxis die Punktezahl für die Gesprächsfähigkeit eher an die für die fachlichen Kenntnisse angepasst wird als umgekehrt.

Tipps zur Prüfung

- Versuchen Sie stets mit dem Prüfer, aber auch mit dem Zweitprüfer in Blickkontakt zu bleiben!
- Achten Sie besonders beim Referat auf den Zeitrahmen!
- Fragen Sie nach, wenn Sie eine Fragestellung nicht exakt verstanden haben („Habe ich Sie richtig verstanden, dass Sie wissen wollen, …“). Übertreiben Sie das jedoch nicht, da das exakte Erfassen einer Fragestellung auch für die Bewertung von Belang ist!
- Steigern Sie die Wirkung Ihrer Aussagen, indem Sie
  - mit Hilfsmitteln wie der Tafel (Skizzen) oder der Landkarte, die u. U. aufgehängt ist, arbeiten (Fragen Sie vorher nach, ob Sie sie benutzen können!),
  - deutlich sprechen,
  - Pausen machen, das Tempo, die Betonung und die Lautstärke variieren.
- Erklären Sie Ihrem Prüfer, der Sie im Vorbereitungsraum abholt, auf dem Weg zum Prüfungsraum auf keinen Fall, dass die Aufgabenstellung völlig verfehlt und das Thema abwegig sei!
- Wahren Sie den Ernst der Situation. Verlieren Sie jedoch Ihren Humor nicht!

Zum Abschluss

Sie haben bei einer mündlichen Prüfung Chancen, wenn Sie einigermaßen **sicher auftreten.** Dies können Sie zwar nicht kurzfristig erlernen, aber durch eine gezielte Vorbereitung etwas fördern. Vielleicht hilft Ihnen folgender Gedanke: **Sie sind**, wenn Sie inhaltlich fit sind, in dieser Prüfung **der Experte**, da Sie zum Prüfungszeitpunkt bestimmt über mindestens so viel Fachwissen über einen bestimmten Bereich haben wie Ihr Prüfer. Und auch bei ihm kommt es häufig auf die „Verpackung“ an.

Wir wünschen Ihnen zu Ihrem Colloquium viel Erfolg!

Grundkurs Geschichte – Colloquium
Jahrgangsstufe 12 – Aufgabe 1

Themenbereich: Bayerns Weg zum modernen Staat

1 Thema des Kurzreferates

In der Geschichtswissenschaft wurde die These aufgestellt, dass König Ludwig I. wegen der begrenzten politischen Möglichkeiten des Königreiches Bayerns zu Beginn des 19. Jahrhunderts sein Augenmerk auf ein soziales Königtum und auf ein Kunstkönigtum gerichtet hat. Erörtern Sie diese These!

2 Hinweise zur Themenerschließung

a) Erfassen der Aufgabenstellung und der Thematik
Die Aufgabenstellung verlangt eine Überprüfung der These, inwieweit Ludwigs Königtum als soziales Königtum bzw. als Kunstkönigtum angesehen werden kann. Es bietet sich zur Bearbeitung das aus dem Deutschunterricht bekannte Erörterungsprinzip an.
In einer kurzen Einleitung wird zum Thema hingeführt. In diesem Fall kann man wohl auf biografische Daten zu Ludwig II. zurückgreifen.
Der Hauptteil beginnt mit einer entsprechenden These bezüglich des Königtums Ludwigs, die durch Begründungen untermauert wird.
Am Schluss folgt eine kurze Abrundung der Ausführungen. Dabei kann beispielsweise an die Einleitung angeknüpft werden.

b) Beachten besonderer Aspekte
- Kurze, themenbezogene (!) Einleitung
- Formulieren einer eindeutigen These unter Berücksichtigung der Ludwigsbiografie Gollwitzers
- Klar strukturierte und logisch durchdachte Begründungen als Schwerpunkt des Referates (Schlüsselbegriffe: Deutscher Bund, System der Restauration, Kunstkönigtum)
- Kurze Schlusszusammenfassung bzw. Ausblick: kein umfangreiches Abhandeln wesentlich neuer Gesichtspunkte

Gliederung des Kurzreferates

Einleitung

Herkunft, Erziehung, politische Ziele Ludwigs

Hauptteil

I. These: Ludwig, ein sozialer König sowie ein Förderer von Kunst und Kultur

II. Argumente
- Bayern als Teilstaat des Deutschen Bundes
- Außenpolitische Abhängigkeit
- System der Restauration als Rahmen der Innenpolitik
- Soziale bzw. kulturelle Schwerpunkte
  - Staatskonsolidierung, Sparsamkeit
  - Verschmelzung der bayerischen Landesteile
  - Schaffen eines bayerischen Staatsbewusstseins
  - Kultureller Ausbau der Residenzstadt München
  - Wiederbeleben der Klosterkultur

Schluss

Ludwig als Schöpfer einer bayerischen Staatskultur

4 Kurzreferat

Einleitung

Viele Maßnahmen und Aktivitäten, die während der Regierungszeit Ludwigs I. zu beobachten sind, lassen sich aus seiner Kindheit und Jugend herleiten. König Ludwig I. genoss eine streng katholische Erziehung, die eingebettet war in ein romantisch verklärtes Selbstverständnis des Königtums, das sich nicht vom Willen des Volkes, sondern von Gottes Gnaden ableitet. Dabei sollte der König jedoch nicht als Despot, sondern als Patriarch, als väterlicher Beherrscher und Ratgeber des Volkes auftreten. Daneben interessierte sich Ludwig außerordentlich für das antike Griechenland. Er wurde zum Philhellenen, was sich vor allem in der Architektur prägend auf sein Königreich auswirkte. Aus dieser philhellenistischen Gesinnung heraus wurde auch die altbayerische Bezeichnung **Baiern** unter seiner Herrschaft in die Bezeichnung **Bayern** umgewandelt.

Hauptteil

Sicherlich war Ludwig I. eher ein König, der Kunst und Kultur förderte, als dass er in der großen Politik agierte. Die Stellung des Königreiches Bayern als Teilstaat des Deutschen Bundes, stets von der Wiener Machtzentrale des Fürsten Metternich gegängelt und kontrolliert, ließ visionäre bzw. spektakuläre politische Aktionen nur in sehr begrenztem Maße zu. Dies betraf vor allem die Außenpolitik. Auch innenpolitisch musste sich Ludwig innerhalb des vom **Wiener Kongress** festgelegten Systems der **Restauration** bewegen. Dabei zeigt er sich bisweilen als liberaler Reformer, dann aber auch wieder als restaurativer Willkürherrscher.

Daher verlegte sich Ludwig zusehends auf die Verwirklichung von sozialen Projekten sowie auf die Förderung von Kunst und Kultur. Er verfolgte damit das Ziel, die neuen bayerischen Landesteile mit Altbayern zu einer Einheit zu verschmelzen. Es sollte so ein eigenständiges bayerisches Staatsbewusstsein entstehen, das jedoch in den Idealen und Kulturgütern der Deutschen Nation wurzelte.

Sein **soziales Königtum** sah vor, allmählich die kirchliche Trennung der einzelnen bayerischen Regionen zu überwinden. Der Staat sollte sparen. Daher wurde das Heer verkleinert und die Verwaltung vereinfacht. Dagegen sollten Handel und Handwerk eine stärkere Unterstützung erhalten.

Sein **Kunstkönigtum** offenbart sich zunächst in der Ausgestaltung seiner Residenz München zu einer der kulturell bedeutendsten Städte im Deutschen Bund, um so wohl auch die fehlende politische Potenz zu kompensieren. Die wichtigsten architektonischen Zeugen seines Engagements sind der Königsplatz, der Max-Joseph-Platz und natürlich die Ludwigstraße. Über München hinaus versuchte Ludwig, ganz im Sinne der **Romantik**, durch Errichten bzw. Restaurieren von historischen Stätten, ein gemeinsames Geschichtsbewusstsein zu erzeugen, das wiederum zu einer Einheit von Volk und Staat führen sollte. Zu nennen wären die Restaurierungsarbeiten an den Domen von Bamberg, Regensburg und Speyer, die Förderung von historischen Vereinen und die Wiederbelebung der bayerischen Klosterkultur, die dem Aufklärungswahn Montgelas' zum Opfer gefallen war.

Schluss

So lässt sich also zusammenfassend festhalten, dass Ludwig aufgrund des fehlenden politischen Handlungsspielraumes sein Königtum unter sozialen und kulturellen Aspekten wahrgenommen hat. Während Montgelas das neue Königreich Bayern unter rationalen, aufklärerischen Gesichtspunkten gewissermaßen auf dem Reißbrett zusammengezimmert hatte, versuchte Ludwig, diesem neuen Königreich Leben zu geben. Man sagt, er habe Bayern „die Seele eingehaucht“.

5 Mögliche Fragen zum Kurzreferat

Zeigen Sie die Bedeutung des Grafen Montgelas für das moderne Bayern!

- Minister Max Josephs von 1799 bis 1817
- Geprägt von den Idealen der Aufklärung und der französischen Revolution
- Ziele Montgelas': Politische Umgestaltung und territoriale Vereinheitlichung Bayerns nach den Gebietszuwächsen durch den Reichsdeputationshauptschluss unter Anwendung streng rationaler Prinzipien
- Vorgehensweise
  - Beschneiden des Einflusses der katholischen Kirche in Staat und Gesellschaft
  - Kirchengutsäkularisation
  - Verwaltungsreform
  - Konstitution von 1808

Erklären Sie die Bedeutung der „Säkularisation“ und „Mediatisierung“ für Bayern!

- „Säkularisation“: Aufhebung bzw. „Verstaatlichung“ der Territorien sowie des Besitzes geistlicher Herrschaften (Fürstbistümer, Reichsabteien)
- „Mediatisierung“: Aufhebung bzw. „Verstaatlichung“ der Territorien und des Besitzes reichsunmittelbarer Herrschaften (Reichsstädte, Reichsdörfer und Reichsritterschaften)
- Bedeutung für Bayern: Die „Säkularisation“ und die „Mediatisierung“ seit dem Reichsdeputationshauptschluss von 1803 brachten dem Kurfürstentum bzw. Königtum Bayern erhebliche Gebietsgewinne: die Territorien der Bistümer Würzburg, Bamberg, Augsburg, Freising, Eichstätt (nur teilweise) und Passau (nur teilweise) sowie von 13 Reichsabteien und 15 Reichsstädten. Aus Altbayern (Oberbayern, Niederbayern, Oberpfalz) entstand das neue Bayern mit den fränkischen und schwäbischen Landesteilen.

Erläutern Sie die Wirtschaftspolitik König Ludwigs I.!

Grundsätzliche Förderung der Wirtschaft
- Gründen polytechnischer Schulen
- Landesgewerbe- und Industrieausstellungen
- Bayerisch-Württembergischer Zollverein 1828
- Planung des Main-Donau-Kanals
- Beginn des Eisenbahnbaues

Jedoch begrenzte Industrialisierung
- Vorrang der Landwirtschaft
- Ungünstige Rahmenbedingungen für Industrieansiedlung durch industriefeindliche Steuerpolitik, wenige Großbanken zur Deckung des Kreditbedarfes
- Bayern: ein Agrarland bis zur Mitte des 20. Jahrhunderts

Literatur

- *Heinz Gollwitzer, Ludwig I. von Bayern. Eine politische Biographie, München 1986.*
- *Andreas Kraus, Grundzüge der Geschichte Bayerns, Darmstadt 1984.*
- *Max Spindler (Hg.), Handbuch der bayerischen Geschichte, Band IV/1, München 1974.*

Grundkurs Geschichte – Colloquium
Jahrgangsstufe 12 – Aufgabe 2

Themenbereich: Das Deutsche Kaiserreich (Innenpolitik)

1 Thema des Kurzreferates

Geben Sie einen Überblick über die Parteienlandschaft im Kaiserreich, und erörtern Sie die Behauptung vieler Historiker, dass Bismarck die Parteien gegeneinander ausgespielt habe!

2 Hinweise zur Themenerschließung

a) Erfassen der Aufgabenstellung und der Thematik
Die Aufgabe besteht aus zwei Teilen. Im Rahmen der Aufgabenstellung wird zunächst eine Beschreibung der politischen Parteien des Kaiserreiches verlangt. Danach soll die Behauptung erörtert werden, inwieweit Bismarck die Parteien zu seinen Zwecken gegeneinander ausgespielt hat.
Nach einer kurzen Einleitung zur Entstehungsgeschichte der deutschen Parteien muss im Hauptteil zuerst die Parteienlandschaft im Kaiserreich skizziert werden. Danach folgt die oben angesprochene Erörterung mit einer entsprechenden These und stichhaltigen Begründungen.
Am Schluss des Referates sollte eine Wertung der Politik Bismarcks erfolgen.

b) Beachten besonderer Aspekte
- Kurze, themenbezogene (!) Einleitung
- Gleichwertigkeit der beiden Aufgabenteile
- Aufgabenteil 1: Überblick über die Parteien (Entstehung, Programmatik, Führungspersönlichkeiten, strukturelle Besonderheiten, innerparteiliche Strömungen etc.)
- Aufgabenteil 2: Formulieren einer eindeutigen These; Hinweise auf mögliche weitere Thesen
- Klar strukturierte und logisch durchdachte Begründungen (Schlüsselbegriffe: Kulturkampf, Sozialistengesetze)
- Kurze Schlusszusammenfassung bzw. Ausblick: kein umfangreiches Abhandeln wesentlich neuer Gesichtspunkte

3 Gliederung des Kurzreferates

Einleitung

Herkunft der deutschen Parteien

Hauptteil

I. Überblick über die Parteien
- Liberale Parteien (Nationalliberale und Fortschrittspartei)
- Konservative (Deutschkonservative, Freikonservative)
- Zentrum
- Sozialdemokraten

II. Erörterung
- These: Parteien als Mittel für Bismarcks Zwecke
- Argumente
  - 1870–1878: Zusammenarbeit mit Nationalliberalen und Konservativen (Kulturkampf gegen das Zentrum)
  - 1878–1890: Zusammenarbeit mit Konservativen und Zentrum (Bruch mit Nationalliberalen wegen Schutzzöllen, Kampf gegen SPD)

Schluss

Bismarck als Bonapartist

4 Kurzreferat

Einleitung

Die deutsche Parteienlandschaft kristallisierte sich bekanntlich während der **Frankfurter Paulskirchenversammlung** heraus. Es zeigt sich eine Aufteilung der politischen Interessen in demokratisch-republikanische Vorstellungen, in Forderungen nach einer konstitutionellen Monarchie sowie in Bestrebungen, die absolute Königsmacht zu erhalten. Aufgrund der Sitzordnung in der Frankfurter Paulskirche erhielten die Demokraten die Bezeichnung „Linke“, die Konservativen die Bezeichnung „Rechte“.

Hauptteil

Als erste politische Partei im heutigen Sinne konstituierten sich 1861 die **Liberalen,** um für einen Rechts- und Verfassungsstaat zu kämpfen, in dem der Einzelne größtmögliche Freiheit genießt. Aufgrund des preußischen Verfassungskonflikts im Jahre 1866 spaltete sich das liberale Lager. Die **Nationalliberalen** folgten danach Bismarcks Politik der Reichsgründung unter konservativ-monarchistischen Vorzeichen, die **Fortschrittspartei** dagegen vertrat eher demokratisch-republikanische Interessen.

Ähnlich wie die Liberalen schlossen sich auch die **konservativen Kräfte** Mitte der 80er-Jahre des 19. Jahrhunderts zu einer Parteiorganisation zusammen. Sie traten für den Erhalt der Monarchie und der überkommenen Gesellschaftsstruktur ein. Auch die Konservativen trennten sich 1866 in zwei Lager. Während die **Freikonservativen** zusammen mit Bismarck die Deutsche Reichsgründung vorantreiben wollten, forderte die **Deutschkonservative Partei** das Festhalten am Königreich Preußen.

Als Gegengewicht gegen die Dominanz des protestantischen Nordens Deutschlands und um den politischen Einfluss der katholischen süddeutschen Staaten im Kaiserreich zu stärken, etablierte sich gleichzeitig mit der Reichsgründung die so genannte **Zentrumspartei.** Sie vertrat insbesondere den katholischen Mittelstand in ländlichen Gebieten.

Um schließlich auch der aufgrund der industriellen Revolution neu entstandenen Arbeiterschicht eine politische Interessenvertretung an die Seite zu stellen, entstand die auf sozialistischen Theorien basierende sozialdemokratische Bewegung. Seit 1891 nennt sich diese Partei **„Sozialdemokratische Partei Deutschlands“.** Im **Erfurter Programm** setzte man sich zum Ziel, den Sozialismus in Deutschland einzuführen. Die Gruppe um Rosa Luxemburg und Karl Liebknecht wollte dies im Rahmen einer Revolution verwirklichen. Die so genannten Revisionisten unter dem Führer der **„königlich-bayerischen Sozialdemokratie“** Georg von Vollmar lehnten eine Revolution ab. Sie wollten über eine Zusammenarbeit mit den herrschenden Kräften und über soziale Reformen das angestrebte Ziel erreichen.

Diese Parteien fand nun der Regierungschef, Reichskanzler Bismarck, im Reichstag vor. Da Bismarck als Kanzler vom Kaiser bestimmt und nicht, wie es in einer heutigen parlamentarischen Demokratie üblich ist, aufgrund von Wahlen vom Volk eingesetzt war, war er somit dem Reichstag und den Parteien keine Rechenschaft schuldig. Daher ist es sicherlich richtig festzustellen, dass Bismarck die Parteien als Mittel für seine politischen Zwecke benutzte, ja sie sogar oft gegeneinander ausspielte.

Um das Deutsche Reich zu gründen, stützte er sich zunächst auf die **Freikonservative Partei** und auf die **Nationalliberale Partei.** In dieser Phase kämpfte er vehement gegen die „ultra-montane", d. h. seiner Ansicht nach vom Papsttum in Rom und vom Klerus beeinflusste **Zentrumspartei.** Er wollte den Einfluss dieser Kräfte unter allen Umständen brechen, um die protestantisch-preußische Dominanz im Kaiserreich zu bewahren. Er entfachte daher den sogenannten **„Kulturkampf",** der sich im Verbot des Jesuitenordens, im „Kanzelparagraphen", im deutschen Kulturexamen, in der Abschaffung der geistlichen Schulaufsicht sowie in der Einführung der Zivilehe manifestierte.

Um 1878 erfolgte ein jäher Wandel in der politischen Strategie Bismarcks. Zunächst kam es zum **Bruch mit den Nationalliberalen,** weil sich Bismarck dem Druck der Großagrarier beugte und die **liberale Freihandelspolitik** durch eine **Schutzzollpolitik,** und zwar insbesondere zum Schutz vor billigem ausländischen Getreide, ersetzte. Des Weiteren entpuppte sich der „Kulturkampf" immer mehr als eine peinliche Niederlage für Bismarck. Die katholischen Wähler hielten am Zentrum fest, es konnte in den Reichstagswahlen von 1873/74 seine Sitze verdoppeln. Um sein Gesicht zu wahren, beendete Bismarck den „Kulturkampf" allmählich. Außerdem liebäugelte er inzwischen mit der **Zentrumspartei als Partner,** denn er hatte nun einen **neuen Gegner** ausgemacht: **die SPD.** Im Jahr 1878 eröffnete er mit dem so genannten **„Sozialistengesetz"** den Kampf gegen die Sozialdemokratie. Doch ähnlich wie im Kulturkampf das Zentrum ging auch die SPD gestärkt aus dieser Repressionsphase hervor, als im Jahr 1890 das Gesetz nicht mehr erneuert wurde.

Schluss

So lässt sich also resümierend mit Recht behaupten, dass Bismarcks Verhältnis zu den Parteien nicht mit heutigen demokratischen Spielregeln zu messen ist. Er sieht sie als ein Mittel seiner ureigensten Ziele. Diese Herrschaftsform wird vielfach auch als **Bonapartismus** bezeichnet.

5 Mögliche Fragen zum Kurzreferat

Zeigen Sie die wichtigsten Verbände im Kaiserreich!

Arbeiterinteressen
- sozialistisch orientierte freie Gewerkschaften
- christliche Gewerkschaften
- liberale Gewerkvereine

Interessen der Unternehmer und Landwirte
- Der konservative „Centralverband deutscher Industrieller", der nationalliberale „Bund der Industriellen" und der linksliberale „Hansabund" schließen sich 1913 zur „Vereinigung der deutschen Arbeitgeberverbände" zusammen.
- Der konservativ geprägte „Bund der Landwirte" in Nord- und Ostdeutschland sowie zahlreiche Bauernvereine in Süddeutschland vertreten die Interessen der deutschen Landwirte.

Weitere gesellschaftliche Interessen
- Frauenbewegung: „Bund deutscher Frauenvereine"
- Weltmachtstreben: „Flottenverein" und „Kolonialverein"
- Kriegsveteranen: „Kyffhäuserbund"

Skizzieren Sie die wirtschaftliche Entwicklung Deutschlands in der „Ära Bismarck"!

Gründerjahre
- Wirtschaftsboom durch Reichsgründungseuphorie und französische Kriegsentschädigung
- liberale Freihandelspolitik

Wirtschaftskrise
- Börsenspekulation
- Bankrott von zahlreichen Banken und Unternehmen

Schutzzollpolitik
- Anlass: billiges ausländisches Getreide und Eisen
- Ziel: Schutz der heimischen Wirtschaft vor ausländischer Konkurrenz
- Folge: Verteuerung des Brotpreises, Beeinträchtigen des Exportes, Bruch mit Nationalliberalen
- Abkehr von der Schutzzollpolitik durch „Meistbegünstigungsverträge"

Erläutern Sie die Vorgänge, die zum Rücktritt Bismarcks im Jahr 1890 führten!

- Regierungsantritt Kaiser Wilhelms II. im Jahr 1888
- Gespanntes Verhältnis zwischen Wilhelm und Bismarck
  - Wilhelm: Ehrgeiz, Selbstüberschätzung, Naivität
  - Bismarck: Ehrgeiz, Erkennen der Schwächen Wilhelms
- Rücktritt Bismarcks
  - Drohende Entlassung durch den Kaiser
  - Wahren des Gesichts

Literatur

- *Lothar Gall, Bismarck. Der weiße Revolutionär, Frankfurt/Main 1980.*
- *Gerhard A. Ritter, Die deutschen Parteien 1830–1914, Göttingen 1985.*
- *Hans U. Wehler, Das Deutsche Kaiserreich, Göttingen ^{6}1988.*

Grundkurs Geschichte – Colloquium
Jahrgangsstufe 12 – Aufgabe 3

Themenbereich: Das Deutsche Kaiserreich (Außenpolitik)

1 Thema des Kurzreferates

Vergleichen Sie die außenpolitischen Konzeptionen Bismarcks und Kaiser Wilhelms II., und erörtern Sie, welcher der beiden Konzeptionen unter dem Aspekt der Erhaltung des Friedens in Europa der Vorzug zu geben ist!

2 Hinweise zur Themenerschließung

a) Erfassen der Aufgabenstellung und der Thematik
Die Aufgabe besteht aus zwei Teilen. Die Aufgabenstellung verlangt zunächst einen Vergleich der beiden außenpolitischen Konzeptionen. Danach folgt eine Erörterung, welcher Konzeption im Hinblick auf den Frieden in Europa der Vorzug zu geben ist.
Einleitend bietet sich ein Vergleich der unterschiedlichen Charaktere Bismarcks und Wilhelms II. an.
Der Hauptteil des Referates beginnt mit dem Gegenüberstellen der unterschiedlichen außenpolitischen Konzepte. Daran schließt sich die oben genannte Erörterung an.
Am Schluss der Ausführungen erfolgt ein Ausblick auf den Ersten Weltkrieg.

b) Beachten besonderer Aspekte
- Kurze, themenbezogene (!) Einleitung
- Aufgabenteil 1: Vergleich der beiden außenpolitischen Systeme (theoretische Ansätze, reale Umsetzung, wichtige Stationen) als Schwerpunkt des Referates
- Aufgabenteil 2: Bewertung der beiden Systeme; Formulieren einer eindeutigen These
- Klar strukturierte und logisch durchdachte Begründungen (Schlüsselbegriffe: Kissinger Diktat, Rückversicherungsvertrag, Zweifrontenkrieg, Kolonialpolitik, Weltmachtpolitik, „Säbelrasseln“)
- Kurze Schlusszusammenfassung bzw. Ausblick: kein umfangreiches Abhandeln wesentlich neuer Gesichtspunkte

3 Gliederung des Kurzreferates

Einleitung

Unterschiedliche Charaktere Bismarcks und Wilhelms II.

Hauptteil

I. Vergleich der Konzepte
  - Bismarck
    - Kissinger Diktat (Isolierung Frankreichs, Saturiertheit)
    - Bündnisse mit Österreich, Russland, Italien, England
    - Berliner Kongress: „ehrlicher Makler“
  - Kaiser Wilhelm II.
    - Weltmachtpolitik: „Säbelrasseln“, „Ein Platz an der Sonne“
    - Flottenpolitik
    - Kolonialpolitik
    - Nichterneuerung des Rückversicherungsvertrages

II. Erörterung bezüglich der besseren Variante
  - These: Bismarck als Bewahrer des Friedens in Europa
  - Argumente
    - Kompliziertes Bündnissystem zur Friedenssicherung
    - Rückversicherungsvertrag verhindert Zweifrontenkrieg
    - Keine staatliche Kolonialpolitik (die übrigen Mächte nicht herausfordern)
    - Wilhelm II. als Zerstörer dieses Systems nach Bismarcks Rücktritt

Schluss

Eindeutige Mitschuld Deutschlands am Ausbruch des Ersten Weltkriegs durch Wilhelms Außenpolitik

4 Kurzreferat

Einleitung

Otto von Bismarck war geprägt von einer altpreußisch-konservativen Einstellung, die den grundherrlichen Adel und die absolute Monarchie als unabdingbare Institutionen ansah. Daneben wurde er jedoch auch als

„weißer Revolutionär“ bezeichnet, der seine konservative Grundhaltung mit einem Sinn für Neuerung, etwa in der Frage der Sozialgesetzgebung, verband. Diese pragmatische Ausrichtung zeigt sich auch in der Außenpolitik. Der neu entstandene Machtfaktor Deutschland durfte, um eine Großmachtrolle zu spielen, die anderen Mächte nicht herausfordern.

Kaiser Wilhelm II. dagegen, ein Mann von großem Ehrgeiz und einer bisweilen pathologisch anmutenden Naivität und Selbstüberschätzung, wollte Deutschland mit Vehemenz in die Weltpolitik führen. Über diese Streitfrage kam es zum Bruch mit Bismarck, der den jungen Kaiser schlichtweg als unfähig ansah, das Deutsche Reich zu regieren. So begann seit 1890 der sogenannte **„Neue Kurs“.**

Hauptteil

Bismarcks außenpolitisches Konzept nach der Reichsgründung beruhte darauf, den anderen Mächten in Europa zu zeigen, dass sich das neu entstandene Deutsche Reich in das **europäische Gleichgewichtssystem** einfügen würde. So betonte Bismarck nach der Angliederung von Elsass-Lothringen des Öfteren, Deutschland sei „saturiert“, d. h. es stelle keine weiteren territorialen Ansprüche. Im so genannten **„Kissinger Diktat“** offenbarte er sein außenpolitisches Konzept: Es sollte eine Situation geschaffen werden, in der alle Mächte außer Frankreich von Deutschland abhängig sind und von Koalitionen gegen Deutschland abgehalten werden. Frankreich sollte also isoliert werden, um keine Kriegsbündnisse gegen Deutschland abschließen zu können. Defensivbündnisse Deutschlands mit den übrigen Großmächten sollten den Frieden sichern. In der Folge schloss bzw. initiierte Bismarck zahlreiche Bündnisse, um dieses theoretische Konzept in die Praxis umzusetzen: das **Dreikaiserabkommen** im Jahr 1873 für gegenseitige Beratungen im Konfliktfall (Deutschland, Österreich/Ungarn, Russland), den **Zweibund** im Jahr 1879 mit Beistandspflicht für den Fall eines feindlichen Angriffs auf einen der Bündnispartner (Deutschland, Österreich/Ungarn, 1882 mit Italien zum **Dreibund** erweitert), den **Dreikaiservertrag** im Jahr 1881 mit Verpflichtung zur Neutralität bei einem Angriff auf eine vierte Macht (Deutschland, Österreich/Ungarn, Russland), den **geheimen Rückversicherungsvertrag** im Jahr 1887 mit wechselseitiger Neutralität für den Kriegsfall (Deutschland/Russland) und das **Mittelmeerabkommen** im Jahr 1887 zum Schutz vor der russischen Expansion im Mittelmeerraum und im Schwarzen Meer (England, Italien, Österreich/Ungarn). Zusätzlich agierte

Bismarck auf dem **Berliner Kongress** 1878 als Schiedsrichter zwischen Russland, Österreich/Ungarn und der Türkei wegen deren Querelen auf dem Balkan. Er fand eine Kompromisslösung, die jedoch Russland verstimmte. Dennoch gelang es ihm durch die oben genannten Bündnisse, Russland wieder auf seine Seite zu ziehen. Was die Kolonialpolitik betrifft, so agierte Bismarck aus den bereits genannten Gründen mit größter Zurückhaltung. Erst als Mitte der 80er-Jahre die großen Kolonialmächte England, Frankreich und Russland wegen des Sudans, Ägyptens und Afghanistans in Streit gerieten, bot sich für Deutschland ein gewisser Handlungsspielraum. Bismarck betrieb jedoch keine staatlich organisierte **Kolonialpolitik,** sondern förderte private Initiativen von Kaufleuten, Handelsstützpunkte in Kolonialgebieten zu erwerben. Diese erhielten dann militärischen Schutz durch das Reich.

Kaiser Wilhelms außenpolitisches Konzept unterschied sich grundlegend von dem Bismarcks. Er hielt nichts von Zurückhaltung und Defensivbündnissen, sondern forderte für Deutschland einen **„Platz an der Sonne".** Er wollte eine deutsche **Weltmachtpolitik** betreiben, um Deutschland auf eine Stufe mit den imperialistischen Großmächen England, Russland und Frankreich zu stellen. Der Kaiser und sein Kanzler, Graf von Caprivi, strebten den Abschluss eines Bündnisses mit England gegen Frankreich und Russland an. Deshalb erneuerten sie den Rückversicherungsvertrag mit Russland, das Herzstück des bismarckschen Bündnissystems, nicht mehr. Die logische Konsequenz war eine Annäherung Russlands und Frankreichs in einer **Militärkonvention** im Jahr 1892. Die Hoffnung auf ein Bündnis mit England wurde vollends durch die aggressive **Flottenpolitik** des Kaisers zusammen mit Admiral Tirpitz zerstört. England sah darin einen Angriff auf seine Seeherrschaft und näherte sich 1904 in der **Entente Cordiale** ebenfalls Frankreich an. Als dann schließlich 1907 zwischen England und Russland ein Interessenausgleich zustande kam, war im Grunde die Kriegskonstellation, die Bismarck stets hatte vermeiden wollen, gegeben: Deutschland und Österreich/Ungarn standen England, Frankreich und Russland als Gegner gegenüber.

Schluss

Vergleicht man also die beiden Konzepte miteinander, so lässt sich sicherlich die These vertreten, dass das außenpolitische Konzept Bismarcks durchdachter und im Hinblick auf den Frieden effektiver war. Es verhinderte einen europäischen Krieg und bannte insbesondere durch den **Rück-**

versicherungsvertrag mit Russland für Deutschland die Gefahr eines **Zweifrontenkrieges.** Durch sein gemäßigtes Engagement in der Kolonialpolitik genoss er insbesondere das Wohlwollen Englands. Dieses zugegebenermaßen komplexe und eng mit der Person Bismarcks verbundene diplomatische Netzwerk wurde nach 1890 zu radikal verändert.

Innerhalb weniger Jahre hatte Kaiser Wilhelm II. das Bündnissystem Bismarcks aus den Angeln gehoben. Durch seine im weiteren Verlauf bisweilen peinliche „Kraftmeierei", um Deutschlands Weltmachtposition zu unterstreichen, heizte er das im Zeitalter des Imperialismus zwischen 1890 und 1914 stetig steigende Konfliktpotential immer wieder an. Durch seinen „Blankoscheck" für Österreich nach dem Attentat von Sarajewo forderte er den Krieg geradezu heraus.

5 Mögliche Fragen zum Kurzreferat

Erläutern Sie die Bedeutung der sogenannten „Emser Depesche"!

- Erkenntnis Bismarcks: Deutsche Reichsgründung nur durch einen Krieg mit Frankreich erreichbar
- Ziel: Provozieren einer französischen Kriegserklärung
- Vorgehensweise
  - Diplomatisches Ränkespiel um eine mögliche Thronkandidatur eines Hohenzollern in Spanien
  - Manipulieren einer diesbezüglichen Presseverlautbarung als Provokation für Frankreich

Skizzieren Sie kurz den Weg Italiens zum Nationalstaat!

- Situation Italiens seit dem Mittelalter
  - Aufsplitterung in verschiedene Stadtstaaten, Fürstentümer, Königreiche und den Kirchenstaat
  - Einfluss auswärtiger Mächte (Normannen, Staufer, Habsburger, Bourbonen)
- Bewegung des Risorgimento zur Gründung eines italienischen Nationalstaates seit 1850
  - Gemäßigte Kräfte um Cavour (Ziel: konstitutionelle Monarchie)
  - Radikale Kräfte um Mazzini und Garibaldi (Ziel: Republik)
- Königsproklamation Victor Emmanuels von Piemont zum König von Italien im Jahr 1861 nach zahlreichen kriegerischen Auseinandersetzungen

- Beitritt Venetiens im Jahr 1866
- Seit 1870: Hauptstadt Rom (Papst erhält den Vatikanstaat)

Definieren Sie den Begriff „Imperialismus“!

- Zeitraum zwischen 1890 und 1914
- Industrielle und technologische Überlegenheit der europäischen Staaten: Unterwerfung „unterentwickelter“ Länder mit diplomatischen, wirtschaftlichen und militärischen Mitteln
- wirtschaftliche Aspekte
  - Bodenschätze
  - billige Arbeitskräfte
  - Absatzmärkte
  - Kolonialwaren
- politische Aspekte
  - nationales Prestige
  - Sendungsbewusstsein
  - Missionierung

Literatur

- *Andreas Hillgruber, Bismarcks Außenpolitik, Freiburg ³1993.*
- *Klaus Hildebrand, Das vergangene Reich. Deutsche Außenpolitik von Bismarck bis Hitler (1871–1945), München 1995.*

Grundkurs Geschichte – Colloquium
Jahrgangsstufe 12 – Aufgabe 4

Themenbereich: Die Weimarer Republik (Innenpolitik)

1 Thema des Kurzreferates

Die Gründe für das Scheitern der Weimarer Republik liegen vor allem auch in der antidemokratischen Gesinnung weiter Bevölkerungsschichten. Zeigen Sie diese Strömungen auf, und erörtern Sie in diesem Zusammenhang die Bedeutung der Weimarer Reichsverfassung!

2 Hinweise zur Themenerschließung

a) Erfassen der Aufgabenstellung und der Thematik
Die Aufgabe besteht aus zwei Teilen. Die Aufgabenstellung verlangt, die Problematik der antidemokratischen Strömungen in der Weimarer Republik zu untersuchen und in diesem Zusammenhang die Rolle der Weimarer Verfassung zu erörtern.
Eine kurze Einleitung führt zum eigentlichen Thema hin. So kann hier etwa auf die politische Situation nach Kriegsende eingegangen werden.
Im Hauptteil muss zunächst auf die antidemokratischen Strömungen innerhalb der Republik hingewiesen werden, die zum Scheitern dieser Republik beigetragen haben. Die Erörterung zeigt dann die Mitschuld der Verfassung am Untergang der Weimarer Demokratie. Hierzu müssen Begründungen geliefert werden.
Am Schluss bietet sich ein kurzer Hinweis auf das Grundgesetz der Bundesrepublik Deutschland an.

b) Beachten besonderer Aspekte
- Kurze, themenbezogene (!) Einleitung
- Aufgabenteil 1
  - Zunächst Definition des Begriffs „antidemokratische Gesinnung“ (Ablehnen der Weimarer Republik; Stürzen der Demokratie mit Gewalt oder mit parlamentarischen Mitteln)
  - Darstellen und Bewerten dieser Kräfte und ihrer Aktivitäten (linkes Lager: Spartakisten, KPD, Roter Frontkämpferbund; rechtes Lager: DNVP, Stahlhelm, NSDAP, SA, SS, Harzburger Front)

- Aufgabenteil 2
  - Auseinandersetzung mit der Problematik der Weimarer Reichsverfassung als Schwerpunkt des Referates
  - Formulieren einer eindeutigen These
  - Klar strukturierte und logisch durchdachte Begründungen (Schlüsselbegriffe: Art. 48 und Art. 76, Rolle des Reichspräsidenten, Verhältniswahlrecht)
- Kurze Schlusszusammenfassung bzw. Ausblick: kein umfangreiches Abhandeln wesentlich neuer Gesichtspunkte

3 Gliederung des Kurzreferates

Einleitung

Demokratie nach einer Niederlage

Hauptteil

I. Radikale Strömungen
- Ablehnung der Demokratie durch die Kommunisten
- Ablehnung der Demokratie durch die „Rechten“

II. Erörterung der Verfassungsprobleme
- These: Mitschuld der Verfassung am Scheitern der Republik
- Argumente
  - Verhältniswahlrecht
  - Volksentscheid
  - Starke Stellung des Reichspräsidenten
  - Fehlende Sicherungen gegen Extremisten

Schluss

Folgerungen des Grundgesetzes

4 Kurzreferat

Einleitung

Mit dem Ende des Ersten Weltkrieges ging in Deutschland und in Österreich eine Ära zu Ende, die im Grunde bis ins Mittelalter zurückreichte. Die Märchenwelt der adligen Gesellschaft mit all ihren Privilegien, die führende Rolle des Offizierkorps als Elite der Nation, das Charisma eines Kaiser Franz Joseph wurden nun quasi über Nacht von einer Republik ersetzt, in der die bisher unterprivilegierten Schichten der Arbeiter und Bürger nun Führungsrollen übernahmen. Die konservativen Eliten büßten ihre Vorrangstellung in der Gesellschaft weitgehend ein. Die Demokratie war somit von Anfang an in den konservativen Kreisen, zum Teil aber auch in der Arbeiter- und Bürgerschicht, mit dem Makel der Niederlage, dem Makel der Tristesse behaftet. Sie hatte keine wirkliche Chance zu reifen, sondern war stets existentiellen, schwerlich zu bestehenden Kraftproben von Seiten antidemokratischer Kräfte ausgesetzt.

Hauptteil

Vom **Vorbild Lenins** inspiriert, versuchte die extreme deutsche Linke in Deutschland eine **Räterepublik** zu installieren. Durch die Verbindung der gemäßigten Sozialdemokraten mit dem Beamtenapparat, der Justiz und dem Militär des Kaiserreiches wurde dies jedoch verhindert. In Deutschland entstand eine parlamentarische Demokratie. Letzte verzweifelte Aufstände des **Spartakusbundes,** aus dem später die **Kommunistische Partei Deutschlands** hervorging, wurden im Januar 1919 von der Reichswehr blutig niedergeschlagen. Karl Liebknecht und Rosa Luxemburg, die führenden Köpfe der Kommunisten, wurden brutal ermordet. Somit waren die Kommunisten seit 1919 entschiedene Gegner der Weimarer Demokratie und insbesondere der ihrer Ansicht nach opportunistischen SPD. Hätten diese beiden Linksparteien einen gemeinsamen Nenner gefunden, hätte man den rechten Kreisen eventuell Paroli bieten können. Durch die Ereignisse im Winter 1918/19 blieb nichts als Hass.

Das rechte Lager stand der Weimarer Demokratie ebenso mit tiefer Verachtung gegenüber. Mit Verleumdungsparolen wurde eine Hetzkampagne gegen den Staat und seine führenden Politiker geschürt, die in der Anfangsphase meist der SPD angehörten. Man beschimpfte sie als **„Novemberverbrecher“**, da Matthias Erzberger am 11. November 1918 den Waffenstillstand unterzeichnet hatte. Ferner verunglimpfte man sie als **„Erfüllungspolitiker“**, weil sie das **„Schanddiktat von Versailles“** mit seinen hohen Reparationsforderungen, den herben territorialen Verlusten und dem Makel der alleinigen Kriegsschuld Deutschlands unterzeichnet hatten, um eine Fortsetzung des Krieges und eine Besetzung Deutschlands zu verhindern. In diesem Dunstkreis wurde auch die so genannte **„Dolchstoßlegende“** geboren. Sie besagte, dass das Deutsche Heer noch keineswegs besiegt gewesen wäre und der Krieg noch hätte gewonnen werden können, wenn nicht die SPD-Politiker mit ihren Friedensverhandlungen das Heer quasi hinterrücks erdolcht hätten. Diesen Parolen folgten bald auch Terroranschläge, denen der Finanzminister Matthias Erzberger und der Außenminister Walter Rathenau zum Opfer fielen. In diesem Zusammenhang wirkte sich nun der zu Beginn der Republik eingegangene Pakt der SPD-Regierung mit den alten kaiserlichen Beamten, Richtern und Offizieren, um die staatliche Ordnung zu garantieren und eine bolschewistische Räterepublik zu verhindern, unheilvoll aus. Während politische Terroraktionen von Kommunisten drakonisch bestraft wurden, behandelte die Justiz rechtsradikale Täter mit Samthandschuhen. Das berühmteste Beispiel hierfür ist sicherlich Hitler, der nach seinem Putsch im Jahr 1923 offiziell mit fünf Jahren Festungshaft bestraft wurde, von denen er jedoch nur ein knappes Jahr in lockerer Atmosphäre „absitzen“ musste. Noch Jahre danach kokettierte Hitler mit dieser Festungshaft in Landsberg, die er als ein „Sanatorium auf Staatskosten“ verhöhnte. Diese Justiz, die also offensichtlich mit dem rechten Lager sympathisierte, „bestrafte“ oft rechtsradikale Täter nicht, sondern stilisierte sie durch wohl bewusst provozierende Urteile zu Helden. Keine demokratische Ordnung der Welt könnte dies auf Dauer verkraften. Verstärkt wurde diese Situation noch durch das Verhalten der Reichswehr. Während des **Kapp-Putsches** im Jahr 1920 hatte sich gezeigt, dass sich die Demokratie auf sein Heer nur dann verlassen konnte, wenn es galt, linke Gegner auszuschalten. Als jedoch der Staat von rechtskonservativen Extremisten bedroht war, gab die Generalität die Devise aus: „Reichswehr schießt nicht auf Reichswehr!“ Somit kann man wohl zu Recht behaupten, dass bereits in den Anfangsjahren der Weimarer Republik von den Demokratiegegnern der Keim für ihren Untergang gelegt wurde.

Dies wird besonders deutlich, wenn man sich die **Weimarer Reichsverfassung** vor Augen führt. Zahlreiche Bestimmungen, die im Folgenden besprochen werden, förderten den Untergang der Weimarer Demokratie. Um es jedoch vorweg klar zu sagen, diese so genannten „Fehlkonstruktionen“ der Verfassung entsprangen nicht einem Dilettantismus, sondern eher einer gewissen Blauäugigkeit ihrer Schöpfer. Sie entpuppten sich als solche erst, als sich die Verfassung in der Realität bewähren musste, wo die oben beschriebenen antidemokratischen Kräfte ihr Unwesen trieben. So konnten wesentliche Bestimmungen der Verfassung, die an demokratischer Freiheit damals kaum zu überbieten war, von Extremisten missbraucht werden, um die Demokratie zu gefährden oder sie sogar zu stürzen.

Das **reine Verhältniswahlrecht** garantiert durch die Wahl der Abgeordneten über Parteilisten, wobei mit je 60 000 Stimmen ein Abgeordnetenmandat errungen wird, dass fast keine Wählerstimme verloren geht. Es besteht also ein wesentlicher Unterschied zum **Mehrheitswahlrecht,** wo zwischen zwei oder drei Kandidaten die Mehrzahl der abgegebenen Stimmen entscheidet. Aus diesem Grund gelingt es auch sehr vielen Parteien, in das Parlament einzuziehen, wodurch der Wählerwille in fast allen Fassetten widergespiegelt wird. Scheint dies vom Standpunkt der Demokratie aus durchaus ein Vorzug zu sein, so erkennt man jedoch auf den zweiten Blick, dass es durch dieses Wahlrecht sehr schwer wird, stabile Mehrheiten zu bilden. Koalitionsregierungen werden zur Regel. Gerade in der Anfangsphase der Weimarer Republik wäre es jedoch hilfreich gewesen, wenn einige wenige, demokratisch gesinnte Parteien über einen längeren Zeitraum hinweg in der Lage gewesen wären, durch eine konstruktive Politik die Demokratie zu stärken und sie eventuell in weiten Teilen der Bevölkerung zu verankern.

Ähnlich ist auch die in der Verfassung vorgesehene Möglichkeit zu beurteilen, über wichtige Angelegenheiten einen **Volksentscheid** durchzuführen. Dies wird oftmals bereits in einer konsolidierten Demokratie zum Problem, da wesentliche, vom Bürger aufgrund fehlender Sachkenntnis oft nicht überschaubare Aspekte Anlass für polemische parteipolitische Auseinandersetzungen werden. Um wieviel mehr musste ein Volksentscheid über brisante tagespolitische Themen in der Weimarer Republik das linke und rechte Lager in Aktivität versetzen, die Republik mit propagandistischen Hetzkampagnen in den Schmutz zu ziehen. Die Auseinandersetzungen um den so genannten „Young-Plan“, die zum Teil sogar zu Straßenkämpfen zwischen Kommunisten und SA-Leuten führten, haben dies deutlich gezeigt.

Der **Reichspräsident** der Weimarer Republik wurde für sieben Jahre direkt vom Volk gewählt. Er stand also von der demokratischen Legitimation her gleichberechtigt neben dem Parlament. Er hatte den Oberbefehl über das Heer, konnte den Reichstag auflösen, den Kanzler einsetzen und entlassen sowie nach **Art. 48** die Grundrechte vorübergehend außer Kraft setzen. Diese starke Stellung wird gemeinhin so interpretiert, dass die Verfassungsväter dem Volk eine Art demokratischen **„Ersatzkaiser“**, eine Integrationsfigur bieten wollten. Friedrich Ebert konnte diese Rolle zunächst erfüllen. Aber was passierte, wenn ein Anhänger der antidemokratischen Lager Präsident wurde? Konnte er nicht das ganze Instrumentarium gegen die Demokratie verwenden? Dieser Fall trat ein. 1925 wurde General von Hindenburg, der „Sieger von Tannenberg“ und Mitglied der Obersten Heeresleitung im Ersten Weltkrieg, zum Reichspräsidenten gewählt. Er ernannte 1933 Hitler zum Reichskanzler.

Schließlich fehlten in der Verfassung spezielle Instrumentarien, um gegen **Verfassungsfeinde** und **politische Extremisten** vorgehen zu können. Man meinte, mit den Bestimmungen des Strafgesetzbuches politische Gegner in Schach halten zu können. Dazu kommt, dass nach **Art. 76** die Möglichkeit bestand, die Verfassung mit Zweidrittelmehrheit zu ändern. So konnte Hitler 1933 mit dem Ermächtigungsgesetz die Demokratie endgültig beenden.

Schluss

Nach 1945 hatten die Verfassungsväter bei der Ausarbeitung des Grundgesetzes für die Bundesrepublik Deutschland die historische Chance, aus den so genannten „Fehlern“ einer vorangegangenen Verfassung zu lernen. Die Bonner Demokratie vertraute nicht mehr vorbehaltlos dem demokratischen Verständnis der Bürger, sondern baute Sicherungen in die Verfassung ein, um die Demokratie zu schützen. Während die Weimarer Verfassung mit Art. 48 und vor allem mit Art. 76 gewissermaßen einen Selbstzerstörungsmechanismus beinhaltete, schützte das Bonner Grundgesetz mit **Art. 79/3** die so genannte „freiheitlich-demokratische Grundordnung“. Dieser Teil der Verfassung kann nicht geändert werden. Er wird auch als „Ewigkeitsklausel“ bezeichnet.

5 Mögliche Fragen zum Kurzreferat

Zeigen Sie den Verlauf und die Folgen des so genannten Ruhrkampfes von 1923!

- Ausgangspunkt: Reparationsproblematik und grundsätzliche Einstellung Frankreichs gegenüber dem besiegten Deutschland
- Französische Besetzung des Ruhrgebietes
  - Schleppende deutsche Reparationsleistungen
  - „Produktive Pfänder“
- Passiver Widerstand gegen die französische Besetzung
  - Kaufen der Kohle im Ausland gegen Devisen
  - Unterstützung der Arbeitslosen
- Ruin der deutschen Wirtschaft
- Beginn der Inflation

Erläutern Sie den Begriff die „goldenen zwanziger Jahre“!

Scheinbare Konsolidierung und Blüte der Weimarer Republik zwischen 1924 und 1929

- Politik: Berechenbarkeit und Kontinuität der deutschen Politik unter Stresemann
- Wirtschaft: Überwinden der Inflation durch eine Währungsreform („Rentenmark“) und den Dawesplan
- Technik und Wissenschaft: neuartige Architektur im sog. „Bauhausstil“, Modernisierung des Verkehrswesens (Flugverkehr, Schifffahrt), zahlreiche Nobelpreise für deutsche Wissenschaftler (Einstein, Heisenberg, Bosch etc.)
- Kunst und Kultur: Berlin als international bedeutsame kulturelle Metropole (Theater- und Filmproduktionen), Internationalisierung der Gesellschaft durch die Massenmedien Zeitung, Rundfunk, Film, Schallplatten (erstmals starker kultureller Einfluss aus den USA)
- Gesellschaft: Aufwertung der Rolle der Frau (Wahlrecht, Zugang zu Gymnasium und Universität), soziale Verbesserungen (Arbeitslosenversicherung, Arbeitsämter, verpflichtender Besuch der Grundschule für alle Kinder)

Definieren Sie den Begriff „Präsidialkabinett“!

- Ende der parlamentarischen Demokratie durch das Scheitern der letzten großen Koalition im Jahr 1930
- In der Folgezeit: Präsidialkabinette
  - Regierungen ohne Reichstagsmehrheit
  - Eingesetzt vom Reichspräsidenten
  - Recht des Präsidenten zur Auflösung des Reichstages
  - Mögliche Anwendung des Notverordnungsartikels 48
  - Aber: keine völlige Ausschaltung des Reichstages
- Übergang von der parlamentarischen Demokratie zu einem autoritären Präsidialregime

Literatur

- *Bayerische Landeszentrale für politische Bildung (Hg.), Die Weimarer Republik, Band 1 und 2, München 1987/1994.*
- *Karl Dietrich Bracher, Die Auflösung der Weimarer Republik, Villingen ^{5}1971.*
- *Kurt Sontheimer, Antidemokratisches Denken in der Weimarer Republik. Die politischen Ideen des deutschen Nationalismus zwischen 1918 und 1933, München 1962.*
- *Heinrich August Winkler, Weimar 1918–1933, München ^{2}1993.*

Grundkurs Geschichte – Colloquium
Jahrgangsstufe 12 – Aufgabe 5

Themenbereich: Die Weimarer Republik (Außenpolitik)

1 Thema des Kurzreferates

Analysieren Sie die außenpolitische Situation Deutschlands zwischen dem Kriegsende im Jahr 1918 und dem Vertrag von Rapallo im Jahr 1922, und erörtern Sie die Bedeutung Stresemanns als Reichsaußenminister!

2 Hinweise zur Themenerschließung

a) Erfassen der Aufgabenstellung und der Thematik
Die Aufgabe besteht aus zwei Teilen. Die Aufgabenstellung verlangt eine Untersuchung der außenpolitischen Lage Deutschlands zwischen 1918 und 1922. Ferner muss erörtert werden, welche Bedeutung Gustav Stresemann als Außenminister der Weimarer Republik zukommt.
In der Einleitung kann auf den Zusammenbruch der alten imperialistischen Ordnung Europas eingegangen werden. Der Hauptteil des Referates beginnt mit einer genauen Analyse der außenpolitischen Problematik des besiegten Deutschlands. Daran schließt sich die oben angeführte Erörterung an. Der Schluss kann einen Ausblick auf die Außenpolitik nach Stresemanns Tod bieten.

b) Beachten besonderer Aspekte
- Kurze, themenbezogene (!) Einleitung
- Gleichwertigkeit der beiden Aufgabenteile
- Aufgabenteil 1: Die Analyse umfasst drei Aspekte
  - Bestandsaufnahme der außenpolitische Lage nach 1918 (militärische Niederlage, Versailler Vertrag, außenpolitische Isolation)
  - Erkennen der notwendigen Zielsetzung (schrittweise Revision des Versailler Vertrages auf friedlichem Wege; Überwinden der außenpolitischen Isolation)
  - Darstellen und Bewerten des Vertragswerks von Rapallo
- Aufgabenteil 2: Formulieren einer eindeutigen These
- Klar strukturierte und logisch durchdachte Begründungen (Schlüsselbegriffe: Locarno, Ausgleich mit Frankreich, Vereintes Europa)
- Kurze Schlusszusammenfassung bzw. Ausblick: kein umfangreiches Abhandeln wesentlich neuer Gesichtspunkte

3 Gliederung des Kurzreferates

Einleitung

Ende des Imperialismus

Hauptteil

I. Analyse der Außenpolitik nach Kriegsende

Ausgangssituation
- Militärische Niederlage
- Harte Friedensbedingungen durch den Versailler Vertrag
  - Alleinige Kriegsschuld Deutschlands
  - Territoriale Verluste
  - Abrüstung und wirtschaftliche Schwächung
- Außenpolitische Isolation

Zielsetzung
- Vertragserfüllung
- Revision des Versailler Vertrages auf friedlichem Wege
- Beenden der außenpolitischen Isolation
- Aufnahme in den Völkerbund

Vertrag von Rapallo
- Beenden der Isolation durch Bündnis zwischen Deutschland und Russland
- Annäherung des Westens an Deutschland aus Furcht vor dem Kommunismus

II. Erörterung der Bedeutung Stresemanns
- These: Friedenspolitik durch Annäherung an Frankreich
- Argumente
  - Verträge von Locarno
  - Gespräche von Thoiry
  - Idee eines Vereinigten Europa
  - Briand-Kellogg-Pakt

Schluss

Entwicklung nach Stresemanns Tod

4 Kurzreferat

Einleitung

Nach dem Ersten Krieg endete auch die egoistische, auf die jeweils nationale Weltmachtstellung bedachte Politik des Imperialismus, die Europa einen vierjährigen Krieg gebracht hatte. Initiiert durch das **14-Punkte-Programm** des amerikanischen Präsidenten **Wilson** und durch die Gründung des übernationalen **Völkerbundes** als Schiedsinstanz bei Konflikten sollte Außenpolitik künftig als europäische Außenpolitik betrieben werden. Das heißt nationale Egoismen, die stets Anlass zu kriegerischen Auseinandersetzungen gegeben hatten, sollten durch ein Zusammenwirken der europäischen Staaten in wichtigen politischen Bereichen überwunden werden.

Hauptteil

Für die deutsche Außenpolitik lag diese Beteiligung an einer europäischen Ordnung zunächst in weiter Ferne. Deutschland hatte eine entscheidende militärische Niederlage erfahren. Anders als in früheren Jahrhunderten, als Sieger und Besiegte nach Kriegen als gleichberechtigte Partner eine neue Friedensordnung ausgehandelt hatten, wurde Deutschland die **alleinige Schuld am Ersten Weltkrieg** zugesprochen. Daher war kein deutscher Politiker bei den **Versailler Friedensverhandlungen** beteiligt. Nach dem Ende der Verhandlungen wurde Deutschland das Ultimatum gestellt, entweder den Vertrag zu unterzeichnen oder in Kauf zu nehmen, dass das Land von den Truppen der Alliierten besetzt würde. Dazu kamen die harten Sanktionen im **militärischen Bereich** (Heer von 100 000 Mann mit minimaler Bewaffnung), im **wirtschaftlichen Bereich** (Reparationen, Verlust von Ostoberschlesien, Besetzung des Ruhrgebietes, Saargebiet unter Völkerbundsverwaltung) und im **territorialen Bereich** („polnischer Korridor", Verlust Ostoberschlesiens trotz Volksabstimmung zugunsten Deutschlands, Saargebiet unter Völkerbundsverwaltung, Besetzung des Rheinlandes in Verbindung mit einer entmilitarisierten Zone bis 50 Kilometer östlich des Rheins, Verlust Elsass-Lothringens).

Deutschland war damit außenpolitisch isoliert. Diese harte Gangart wurde vor allem von Frankreich eingeschlagen, das am meisten unter dem Krieg gelitten hatte und das sich aus einem verständlichen Sicherheitsstreben heraus das Ziel gesetzt hatte, Deutschland militärisch und wirtschaftlich so zu schwächen, dass es nie mehr eine Gefahr für Frankreich darstellen würde.

Andererseits war eine solche Politik, was übrigens auch amerikanische und englische Verhandlungsteilnehmer erkannten, sehr gefährlich, denn sie musste in den nationalen und konservativen Kreisen Deutschlands Ablehnung und Hass erzeugen. Schon bald waren die Parolen vom „Schanddiktat von Versailles“ zu hören.

Die Zielsetzung der deutschen Außenpolitik in den Anfangsjahren der Weimarer Republik musste es deshalb sein, zunächst die Forderungen des Vertrages zu erfüllen, um den guten Willen zu demonstrieren. Nur so konnte eine **schrittweise Revision** problematischer Bestimmungen erreicht werden. Um wieder Handlungsspielraum zu gewinnen, musste die außenpolitische Isolation überwunden werden. Die **Aufnahme in den Völkerbund** würde Deutschland schließlich wieder eine gleichberechtigte Stellung unter den europäischen Nationen sichern. Diese Zielsetzung war für den Erhalt der demokratischen Struktur auch innenpolitisch von großer Wichtigkeit, denn die Agitation der antidemokratischen Kräfte basierte ja auf eben jener außenpolitischen Problematik.

Der erste Schritt zur Überwindung der außenpolitischen Isolation wurde im Frühjahr 1922 unternommen. Deutschland und Russland schlossen in **Rapallo** ein Zweckbündnis. Man verzichtete gegenseitig auf Erstattung von Kriegskosten und nahm diplomatische Beziehungen auf. Eine geheime Abmachung ermöglichte es der Reichswehr, die Rüstungsbeschränkungen des Versailler Vertrages zu umgehen. In Russland konnten nun zusätzliche Reichswehrtruppen ausgebildet werden. Gemeinsam sollten Panzer und Flugzeuge entwickelt werden. Im nahe gelegenen Genua, wo zur selben Zeit die Siegermächte über Wirtschafts- und Reparationsfragen verhandelten, löste dieses Bündnis Bestürzung aus. Die Gefahr, dass Deutschland womöglich Gefallen am Kommunismus finden könnte, stand plötzlich im Raum. Die Westmächte überdachten fortan ihre deutschlandpolitische Konzeption. Der Weg für eine Zusammenarbeit schien nun geebnet.

Die zweite Phase der Weimarer Außenpolitik zwischen 1922 und 1929 wurde entscheidend geprägt von **Gustav Stresemann.** Als Vorsitzender der DVP zunächst deutschnational und monarchistisch geprägt, führte er seine Partei allmählich auf einen demokratischen Kurs. Sein Ziel war ein machtpolitischer Wiederaufstieg Deutschlands im Rahmen der Weimarer Demokratie. Den Schlüssel dazu sah er in einer langfristigen Aussöhnung mit Frankreich. Bereits im Februar 1923 hatte Stresemann einen Sicherheitspakt zwischen Frankreich, Belgien und Deutschland lanciert. Zwei Jahre später, auf der **Konferenz von Locarno,** wurde diesbezüglich ein Vertragswerk abgeschlossen. Frankreich, Belgien und Deutschland verzichteten auf eine gewaltsame Veränderung der Grenzen und erkannten den Versailler Vertrag als bindend an. Als Schiedsinstanz bei Streitigkeiten sollte der Völkerbund fungieren. Bezüglich der Ostgrenze zu Polen und der Tschechoslowakei gab Deutschland keine solche Garantie, sondern akzeptierte lediglich die internationale Gerichtsbarkeit durch den Abschluss von Schiedsverträgen. Die Bedeutung von Locarno lag zunächst in der Aufnahme Deutschlands in den Völkerbund. Die Isolation war beendet, Deutschland war wieder gleichberechtigter Partner der europäischen Mächte. Zudem war eine vorzeitige Räumung der besetzten Rheinlande vereinbart worden. Schließlich war mit diesem Vertragswerk eine emotionale Wirkung verbunden, die gemeinhin mit dem Begriff **„Geist von Locarno“** umschrieben wird. Gemeint ist eine Aufbruchstimmung hin zu einem friedlichen Europa, aus dem aufgrund einer Aussöhnung zwischen Deutschland und Frankreich das Schreckgespenst des Krieges für immer verbannt sei. In diesem Sinne traf sich Stresemann des Öfteren mit Briand, dem französischen Außenminister, um, wie etwa am 17. September 1926 in **Thoiry,** das deutsch-französische Verhältnis noch weiter zu verbessern. Die Zeit für eine völlige Gesamtbereinigung aller strittigen Fragen war jedoch noch nicht gekommen, da die nationalen Kräfte in beiden Ländern dagegenwirkten. Dennoch setzten sich beide Politiker weiterhin für ihre Idee eines friedlichen Europa ein. Zusammen mit dem amerikanischen Staatssekretär Kellogg initiierte Briand den sogenannten **Briand-Kellogg-Pakt,** der im Jahr 1928 unterzeichnet wurde und der die Ächtung von Angriffskriegen beinhaltete. Ein Jahr später entwarf Briand während einer Völkerbundstagung die **Vision eines geeinten Europas.** Stresemann griff diesen Gedanken auf und gab ihm eine konkrete Richtung. Angesichts der sich bereits abzeichnenden Wirtschaftskrise trat er für einen einheitlichen europäischen Wirtschaftsraum ein.

Schluss

Am 3. Oktober 1929, etwa einen Monat nach der berühmten Völkerbundsrede zum Europagedanken, verstarb Gustav Stresemann. Er hatte der Weimarer Außenpolitik Kontinuität und Berechenbarkeit verliehen. Seine enge Zusammenarbeit mit Aristide Briand brachte wesentliche Erfolge, die jedoch seine Nachfolger, die an der Demokratie und dem Europagedanken wenig Interesse hatten, einheimsten. Bereits 1930 wurde vorzeitig die letzte Zone der besetzten Rheinlande geräumt. Auf der Konferenz von Lausanne im Jahr 1932 wurden praktisch alle Reparationszahlungen aufgehoben, und auf der Konferenz von Genf wurde Deutschland im selben Jahr die militärische Gleichberechtigung zuerkannt.

5 Mögliche Fragen zum Kurzreferat

Erklären Sie den Begriff „Cordon sanitaire"!

- „Cordon sanitaire" (frz.): Sicherheitsgürtel
- Bezeichung für die französische Bündnispolitik nach 1918 mit den osteuropäischen Staaten Polen, Tschechoslowakei und Rumänien
- Ziele des „Cordon sanitaire"
  - Erhalten des Status quo in Osteuropa im Sinne der Bestimmungen des Versailler Vertrages
  - Verhindern des Vordringens des Kommunismus nach Mitteleuropa
  - Schaffen einer territorialen Barriere zwischen der Sowjetunion und Deutschland (vgl. nach Kriegsende 1918 die Pläne der USPD und der Spartakisten in Deutschland bezüglich einer Räterepublik nach sowjetischem Muster)

Erläutern Sie die Rolle des Völkerbundes!

- Initiiert vom amerikanischen Präsidenten Wilson
- Sitz in Genf
- Ziele des Völkerbundes
  - Verhindern weiterer Kriege in Europa
  - Völkerrechtliche Streitigkeiten vor Gericht lösen
  - Sanktionen gegen Aggressoren
  - Humanitäre Aufgaben
- Problematik des Völkerbundes
  - Keine Beteiligung der USA
  - Dominanz der europäischen Siegermächte
  - Vor 1926 bzw. 1934 keine Beteiligung von Deutschland und Russland
  - Keine militärischen Machtmittel zur Durchsetzung von Sanktionen

Erläutern Sie die Reparationsproblematik!

- Art. 231: alleinige deutsche Kriegsschuld
- Daraus abgeleitet: Reparationszahlungen an die Siegermächte
- Folge: Ruin der deutschen Wirtschaft
- Ziel: Lösen des Reparationsproblems
- Stationen zur Lösung des Reparationsproblems
  - 1919: Vorläufige Zahlung von 20 Mrd. Goldmark geplant
  - 1920: Forderung von 269 Mrd. Goldmark in 42 Jahresraten
  - 1921: Ablehnung des Deutschen Reichstages
  - 1921: Londonder Ultimatum fordert 132 Mrd. Goldmark in jährlichen Raten von 2 Mrd.
  - 1923: Ruhrbesetzung durch Frankreich wegen Reparationsproblematik
  - 1924: Dawes-Plan fordert 5,4 Mrd. Goldmark bis 1928, dann jährlich 2,5 Mrd. (zeitlich begrenzt)
  - 1929: Young-Plan fordert jährliche Zahlung von 2 Mrd. Goldmark bis zum Jahr 1988
  - 1931: Hoover-Moratorium (einjähriger Zahlungsaufschub)
  - 1932: Konferenz von Lausanne beendet die Reparationszahlungen (Schlusszahlung von 3 Mrd. Goldmark)

Literatur

– *Klaus Hildebrand, Das vergangene Reich. Deutsche Außenpolitik von Bismarck bis Hitler (1871–1945), Stuttgart 1995.*

Grundkurs Geschichte – Colloquium
Jahrgangsstufe 12 – Aufgabe 6

Themenbereich: Totalitarismus in Europa und NS-Innenpolitik

1 Thema des Kurzreferates

Zeigen Sie die Stationen der so genannten „Machtergreifung" des NS-Regimes, und erörtern Sie, ob diese „Machtergreifung" als legal bezeichnet werden kann!

2 Hinweise zur Themenerschließung

a) Erfassen der Aufgabenstellung und der Thematik
Die Aufgabe besteht aus zwei Teilen. Die Aufgabenstellung verlangt zunächst, die Stationen der „Machtergreifung" der Nationalsozialisten zu beschreiben. Danach muss die Frage erörtert werden, ob diese „Machtergreifung" legal war.
Einleitend kann mit einer kurzen Darstellung der Präsidialkabinette vor dem 30. 1. 1933 auf die eigentliche Thematik hingeführt werden. Der Hauptteil des Referates beschäftigt sich mit den Stationen der „Machtergreifung" sowie mit der Frage, ob dieses Vorgehen legal war.
Der Schluss bietet einen kurzen Ausblick auf die weitere Entwicklung des NS-Regimes nach dem 2. 8. 1934.

b) Beachten besonderer Aspekte
- Kurze, themenbezogene (!) Einleitung
- Aufgabenteil 1: Darstellen und Bewerten der Stationen der Machtergreifung in zwei Abschnitten als Schwerpunkt des Referates
  - Grundlegen der Diktatur: 30. 1. 33 bis zum Ermächtigungsgesetz am 24. 3. 33
  - Vervollkommnen der Diktatur durch „Gleichschaltung": Ermächtigungsgesetz bis zum Tod Hindenburgs am 2. 8. 34
- Aufgabenteil 2
  - Formulieren einer eindeutigen These (Hinweis auf den Putschversuch Hitlers und die dadurch gewonnenen Einsichten)
- Klar strukturierte und logisch durchdachte Begründungen (Schlüsselbegriffe: Schwächen der Weimarer Verfassung, Notverordnungen, Art. 48, „Gesetz zum Schutz von Volk und Staat", Gewaltenteilung, Art. 76, „Ermächtigungsgesetz")
- Kurze Schlusszusammenfassung bzw. Ausblick: kein umfangreiches Abhandeln wesentlich neuer Gesichtspunkte

3 Gliederung des Kurzreferates

Einleitung

Präsidialkabinette der Weimarer Republik

Hauptteil

I. Stationen der Machtergreifung
   - Hitler als Reichskanzler (30. 1. 1933)
   - Terrorwelle: Verhaftung politischer Gegner, KZ Dachau
   - Reichstagsbrand und „Gesetz zum Schutz von Volk und Staat“
   - „Ermächtigungsgesetz“
   - „Tag von Potsdam“
   - „Gleichschaltung“ der Parteien, der Gewerkschaften, der Verwaltung und der Länder
   - Ausschalten der SA als Machtfaktor
   - Tod Hindenburgs als Endpunkt der „Machtergreifung“ (2. 8. 1934)

II. Erörterung der Legalitität der „Machtergreifung“
   - These: „Machtergreifung“ mit Hilfe der Weimarer Verfassung
   - Argumente
     - 28. 2. 1933: Aufheben der Grundrechte mit Hilfe von Art. 48 der Weimarer Verfassung im „Gesetz zum Schutz von Volk und Staat“
     - 24. 3. 1933: Aufheben der Gewaltenteilung und damit der Demokratie mit Hilfe von Art. 76 der Weimarer Reichsverfassung im „Ermächtigungsgesetz“

Schluss

Schleichender Übergang zur Diktatur

4 Kurzreferat

Einleitung

Nachdem im Jahr 1930 die **Große Koalition** unter Reichskanzler Müller wegen eines Streites um die Arbeitslosenversicherung zerbrochen war, erfolgte aufgrund der wirtschaftlichen und politischen Probleme ein Umbau der Republik. Die Demokratie entartete zu einem autoritären Präsidialregime. Fortan setzte Reichspräsident Hindenburg kraft seiner Machtbefugnisse, d. h. mit Hilfe des **Notverordnungsartikels 48** und aufgrund seiner Möglichkeit, den Reichstag aufzulösen, so genannte **Präsidialkabinette** ein, die sich nicht auf eine Reichstagsmehrheit stützen konnten. Auf das Kabinett Brüning, von 1930 bis 1932, folgten die Kabinette Papen, von Juni bis Dezember 1932, und Schleicher, von Dezember 1932 bis Januar 1933. Am 30. Januar 1933 setzte Hindenburg Adolf Hitler als Reichskanzler ein.

Hauptteil

Mit Hitler hatte Hindenburg einen Mann zum Reichskanzler der Weimarer Republik ernannt, der sich durch Wort **(„Mein Kampf")** und Tat **(Hitlerputsch)** als entschiedener Gegner dieser Republik ausgesprochen und gezeigt hatte. Das Weimarer System hatte sich selbst ad absurdum geführt. Hatte die konservative Kamarilla um Hindenburg gehofft, Hitler durch konservative Minister in seinem Kabinett zu zähmen und ihn als Mittel zum Zweck einer Wiederbelebung des konservativ-monarchischen Gedankens zu benutzen, so ließ Hitler von Anfang an keinen Zweifel daran, dass er den Staat in eine nationalsozialistische Diktatur umbauen wollte. Bereits unmittelbar nach seinem Regierungsantritt erfasste das ganze Land eine erste Terrorwelle. Von langer Hand vorbereitet, wurden politische Gegner verhaftet und in das neu errichtete Konzentrationslager Dachau verbracht.

Der **Brand des Reichstages** in Berlin in der Nacht zum 28. Februar 1933 stellte dann eine entscheidende Etappe im Rahmen der „Machtergreifung" dar. Die Nazis präsentierten den holländischen Kommunisten van der Lubbe als Täter und nahmen dies zum Anlass, zum Schutz vor kommunistischen Anschlägen den Notverordnungsartikel 48 der Weimarer Reichsverfassung im **Gesetz zum „Schutz von Volk und Staat"** als Dauereinrichtung zu etablieren. Die Tatsache, dass dieses Gesetz, das bis zum Jahr 1945 die Grundrechte in Deutschland außer Kraft setzte, bereits am 28. Februar 1933 präsentiert wurde, legt den Schluss nahe, dass die Nationalsozialisten an der Brandstiftung zumindest beteiligt waren.

Um die konservativen und bürgerlichen Kreise, die dem kleinbürgerlichen, oft derben Gehabe Hitlers und seiner SA-Truppen reserviert gegenüberstanden, für den Nationalsozialismus zu gewinnen, wurde nach den Reichstagswahlen vom 5. März 1933, die der NSDAP nur 43,9 Prozent der Stimmen eingebracht hatten, am 21. März zur Eröffnung des neuen Reichstages in der Berliner Kroll-Oper der so genannte **„Tag von Potsdam“** begangen. In der Potsdamer Garnisonskirche, der Grabeskirche Friedrichs des Großen, beschworen Hitler, als Vertreter der neuen Kraft, und Hindenburg, als Vertreter der traditionellen Werte des alten Preußens, den gemeinsamen Weg in die Zukunft.

Durch diesen propagandistischen Erfolg ermutigt, wagte Hitler bereits drei Tage später, am 24. März, den entscheidenden Schritt. Durch das so genannte **„Ermächtigungsgesetz“** erfolgte der Umbau der Weimarer Republik in eine nationalsozialistische Diktatur.

In den folgenden Monaten wurden auf der Grundlage des Ermächtigungsgesetzes durch einen Prozess der **„Gleichschaltung“** die noch bestehenden demokratischen Strukturen zerschlagen und in die Struktur des nationalsozialistischen Herrschaftssystems eingefügt. Die **Parteien** wurden aufgelöst. Als Staatspartei fungierte fortan die NSDAP. Die **Gewerkschaften** wurden ebenfalls eliminiert. An ihre Stelle trat die „Deutsche Arbeitsfront“. In den **Verwaltungen** wurden alle jüdischen, kommunistischen und sozialdemokratischen Beamten entfernt. Schließlich wurde die **föderative Ordnung** Deutschlands beseitigt. Die Länder besaßen künftig keine Hoheitsrechte mehr, sondern wurden Befehlsempfänger der Berliner Machtzentrale. An die Stelle der demokratisch legitimierten Ministerpräsidenten traten von Hitler eingesetzte **Reichsstatthalter.**

Bekanntlich hatte Hitler seit den zwanziger Jahren den festen Entschluss gefasst, einen Eroberungskrieg zu führen, an dessen Ende ein „Germanisches Weltreich Deutscher Nation“ stehen sollte. Um diesen Plan in die Tat umsetzen zu können, benötigte Hitler die Mithilfe der **Reichswehr.** Da deren Führungsschicht jedoch überwiegend von konservativen, zum Teil adligen Offizieren geprägt war, die dem Parvenu Hitler und seinen SA-Schlägertruppen reserviert bis ablehnend gegenüberstanden, bedurfte es eines „Bauernopfers“, um diese elitäre Schicht auf seine Seite zu ziehen. Es galt die SA, die Hitler an die Macht „geprügelt“ hatte und die beabsichtigte, mit der Reichswehr zu einer neuen „Volksarmee“ zu verschmelzen, als

Machtfaktor auszuschalten. Am 30. Juni 1934 wurden Ernst Röhm, Führer der SA und Duzfreund Hitlers, und seine engsten Mitarbeiter während eines Kameradschaftsabends der SA in Bad Wiessee verhaftet und kurze Zeit danach ermordet. Am 3. Juli rechtfertigte Hitler diese Mordaktion im Nachhinein per Gesetz als „Staatsnotwehr“. Die Vorrangstellung der „braunen Bataillone“ war somit gebrochen.

Am 2. August 1934 wurde die „Machtergreifung“ abgeschlossen. Nach dem Tode des Reichspräsidenten Hindenburg führte Hitler nun den Titel **„Führer und Reichskanzler“**. Zusätzlich zum Amt des Reichskanzlers übernahm er die Befugnisse des Reichspräsidenten und vereidigte die Reichswehr auf seine Person. Durch diesen taktischen Schachzug wollte er es seinen Gegnern in der Armee erschweren, eidbrüchig zu werden.

Diese „Machtergreifung“, zumindest die erste Phase bis zum 24. März 1933, bewegte sich im Rahmen der Legalität. Nach dem Putsch in München im Jahr 1923 hatte Hitler erkannt, dass die Weimarer Demokratie nicht mit Gewalt, sondern nur mit Hilfe ihrer ureigensten Strukturen gestürzt werden konnte. Er zielte darauf ab, im Rahmen des parlamentarischen Systems der NSDAP eine gewichtige Bedeutung im Reichstag zu verschaffen, die ihm als Sprungbrett für die Machtübernahme dienen sollte. Dieses Ziel war am 30. Januar 1933 erreicht. Eine Notverordnung, eine seit den Präsidialkabinetten übliche Verfahrensweise, leitete die Diktatur ein. Gemäß Artikel 48 wurden alle wesentlichen Grundrechte außer Kraft gesetzt. Bis zum Jahr 1945 wurde diese Notverordnung nicht mehr aufgehoben. Das Fundament für die Diktatur bildete das so genannte **„Ermächtigungsgesetz“** vom 24. März 1933. Gemäß Artikel 76 der Weimarer Reichsverfassung konnte die Verfassung mit Zweidrittelmehrheit geändert werden. Mit Hilfe einer Einschüchterungspolitik durch SA-Schlägertrupps gelang es Hitler, die erforderliche Mehrheit für die Beseitigung der horizontalen Gewaltenteilung aufzubringen. Die Reichsregierung konnte nun selbst Gesetze erlassen, die zudem von der Verfassung abweichen konnten. Lediglich die SPD stimmte dagegen. Der **SPD-Abgeordnete Otto Wels** hielt, was angesichts der für ihn lebensbedrohenden Situation nicht hoch genug zu würdigen ist, die letzte freie Rede im Reichstag, die einer Abrechnung mit dem Nationalsozialismus gleichkam.

Schluss

Somit war also die totalitäre Herrschaft Hitlers kein Produkt des Zufalls, das über Nacht über Deutschland hereinbrach. Vielmehr liegen ihre Wurzeln bereits in den Anfangsjahren der Weimarer Republik begründet. Die Zusammenarbeit der SPD mit den alten Mächten des Kaiserreiches im Heer und in der Justiz sowie die „Konstruktionsfehler“ der Weimarer Reichsverfassung begünstigten das Anwachsen einer rechtsradikalen Szene, die den Sprung ins Parlament schaffte und mit Hilfe des Weimarer Systems deren eigenen Untergang vollzog.

5 Mögliche Fragen zum Kurzreferat

Untersuchen Sie die Rolle der Frau im NS-Regime!

- Ziel: Beseitigung der Arbeitslosigkeit
- Folge: Konservatives Frauenbild
  - Mutterrolle in der Familie
  - „Mutterkreuz“ als Pendant zum „Eisernen Kreuz“ der Soldaten
- Neubestimmung des Frauenbildes mit Kriegsbeginn
  - Männer als Soldaten an der Front
  - Beschäftigung der Frau in der Rüstungsindustrie

Zeigen Sie die Phasen der Judenverfolgung zwischen 1933 und 1945!

- 1933–1935 (Klima der Verunsicherung)
  - erste Pöbeleien
  - Boykotte jüdischer Geschäfte
- 1935–1938 (antijüdische Gesetze)
  - Nürnberger Rassegesetze
  - Ausschluss von Juden aus dem Staatsdienst
  - Aberkennung des Reichstagswahlrechts
- 1938–1941 (offene Gewalt)
  - Pogromnacht (so genannte „Reichskristallnacht“)
  - Kennzeichnen des Passes mit einem „J“
  - Ausgrenzung aus dem öffentlichen Leben (Schule, Universität, Theater, Ausstellungen, keine Führerscheine, markierte Bänke in Parks)
  - Mit Kriegsbeginn weitere Verschärfungen (Ausgehverbot am Abend, Abgabe der Rundfunkgeräte, keine Telefonanschlüsse mehr)

- 1941–1945 (Beginn der sogenannten „Endlösung“)
  - Wannseekonferenz
  - Tragen des Judensterns
  - Deportation in die Vernichtungslager

Erläutern Sie die Kernbestandteile der NS-Ideologie!

- Übersteigerter Nationalismus
  - großdeutsche Gesinnung
  - Sendungsbewusstsein
  - Restauration der politischen und gesellschaftlichen Ordnung vor der französischen Revolution
- Nationaler Sozialismus
  - radikaler Lösungsversuch der sozialen Frage
  - Überwinden der Klassenunterschiede und der sozialen Probleme in einer gleichgeschalteten Volksgemeinschaft
- Rassismus
  - sozialdarwinistische Vorstellungen („Kampf ums Dasein“)
  - Überlegenheit der arischen Rasse
  - „Lebensraum im Osten“ für die deutsche „Herrenrasse“
- Rassischer Antisemitismus

Literatur

- *Karl Dietrich Bracher, Die deutsche Diktatur. Entstehung, Struktur, Folgen des Nationalsozialismus, Köln/Berlin ⁷1993.*
- *Klaus Hildebrand, Das Dritte Reich, München ⁵1995 (Oldenbourg. Grundriß der Geschichte, Band 17).*
- *Rudolf Lill/Heinrich Oberreuter (Hgg.), Machtverfall und Machtergreifung. Aufstieg und Herrschaft des Nationalsozialismus, München 1983.*
- *Hans-Ulrich Thamer, Verführung und Gewalt. Deutschland 1933–1945, Berlin 1986.*

Grundkurs Geschichte – Colloquium
Jahrgangsstufe 13 – Aufgabe 1

Themenbereich: NS-Außenpolitik 1933–1939

1 Thema des Kurzreferates

Heutzutage ist bisweilen immer noch zu hören, die Außenpolitik Hitlers sei gar nicht so schlecht gewesen, er hätte nur keinen Krieg beginnen dürfen. Erörtern Sie den Wahrheitsgehalt dieser Behauptung, und zeigen Sie die wichtigsten Stationen der NS-Außenpolitik vor dem Sommer 1939!

2 Hinweise zur Themenerschließung

a) Erfassen der Aufgabenstellung und der Thematik
Die Aufgabe besteht aus zwei Teilen Die Aufgabenstellung verlangt eine Auseinandersetzung mit der Behauptung, die Außenpolitik Hitlers sei grundsätzlich richtig gewesen. Danach müssen die Stationen der NS-Außenpolitik gezeigt werden.
In der Einleitung des Referates kann man zunächst allgemein auf die Person Hitlers eingehen.
Der Hauptteil des Referates beginnt mit der Erörterung der oben angeführten These. In der Folge muss dann auf die wichtigsten Stationen der NS-Außenpolitik eingegangen werden.
Am Schluss der Ausführungen bietet sich ein Ausblick auf die außenpolitische Situation nach dem Sommer 1939 an.

b) Beachten besonderer Aspekte
- Kurze, themenbezogene (!) Einleitung
- Aufgabenteil 1
  - Formulieren einer eindeutigen These
  - Klar strukturierte und logisch durchdachte Begründungen (Schlüsselbegriffe: „Mein Kampf“, „Stufenplan“)
- Aufgabenteil 2
  - Darstellen und Bewerten der Stationen der NS-Außenpolitik als Schwerpunkt des Referates (z. B. Austritt aus dem Völkerbund, Wiedereinführen der Wehrpflicht etc.)
- Kurze Schlusszusammenfassung bzw. Ausblick: kein umfangreiches Abhandeln wesentlich neuer Gesichtspunkte

3 Gliederung des Kurzreferates

Einleitung

Rolle Hitlers im NS-Regime

Hauptteil

I. Erörterung des Wahrheitsgehaltes der oben genannten Behauptung
- These: eine grundfalsche Annahme
- Argumente
  - Entschluss zum Eroberungskrieg seit den 20er-Jahren („Mein Kampf“)
  - Vernichtung der jüdischen Rasse
  - Verschleierungstaktik vor 1939
  - Schaffen vollendeter Tatsachen

II. Stationen der NS-Außenpolitik

20. 7. 1933:	Reichskonkordat mit dem Vatikan
14. 10. 1933:	Austritt aus dem Völkerbund
26. 1. 1934:	Nichtangriffspakt mit Polen
16. 3. 1935:	Allgemeine Wehrpflicht
18. 6. 1935:	Deutsch-britisches Flottenabkommen
7. 3. 1936:	Remilitarisierung des Rheinlandes
August 1936:	Olympische Spiele in Berlin
25. 10. 1936:	Bündnis Deutschland/Italien
25. 11. 1936:	Bündnis Deutschland/Japan
5. 11. 1937:	„Hoßbach-Protokoll“
12./13. 3. 1938:	„Anschluss“ Österreichs
29. 9. 1938:	Münchener Abkommen
16. 3. 1939:	Protektorat Böhmen und Mähren

Schluss

Pakt Hitlers mit Stalin

4 Kurzreferat

Einleitung

Entgegen der in der Vergangenheit häufiger zu hörenden These, dass Hitler im Grunde eine für Deutschland positive politische Persönlichkeit dargestellt habe, die durch den verbrecherischen Hang der Mitarbeiter, zum Beispiel bei der sogenannten „Endlösung" der Judenfrage, hintergangen worden sei, ist sich die gegenwärtige Forschung darin einig, dass Hitler zwischen 1933 und 1945 im Wesentlichen die treibende Kraft im totalitären NS-Staat gewesen ist, und zwar insbesondere auch in Bezug auf seine stets vorhandene Absicht, Krieg zu führen.

Hauptteil

Die in der Themenstellung angeführte Behauptung entbehrt daher jeglicher Grundlage. Man kann Hitlers Außenpolitik nicht in zwei Phasen unterteilen, von denen die eine zwischen 1933 und 1937 als **friedliche Revisionspolitik** des Versailler Vertrages und die zweite bis 1939 als **Kriegsvorbereitung** interpretiert werden können. Vielmehr steht für Hitler seit den zwanziger Jahren und insbesondere nach der Fertigstellung seiner Schrift „Mein Kampf" seine außenpolitische Konzeption fest. Historiker haben daraus einen sogenannten **Stufenplan** abgeleitet. Zunächst strebte Hitler als Ausgangsbasis ein **Bündnis mit England** an. England sollte die Herrschaft über die Weltmeere erhalten, Deutschland sollte dagegen die beherrschende Landmacht werden. Mit Rückendeckung durch dieses Bündnis sollte dann in einem Krieg gegen Frankreich die **Hegemonie in West- und Mitteleuropa** erkämpft werden. Das nächste Ziel Hitlers wäre dann die Eroberung von **„Lebensraum im Osten", d. h. die Hegemonie in Osteuropa,** gewesen. In dieser Phase sollte auch sein zweites, stets parallel laufendes Vorhaben umgesetzt werden: die Vernichtung der jüdischen Rasse in Europa. Das Endziel seiner Konzeption sah Hitler schließlich in einem **Germanischen Weltreich Deutscher Nation,** das nach einem siegreichen Kampf gegen die USA um die Weltherrschaft vollendet werden sollte. Somit hatte Hitler seit seiner Machtergreifung stets diese Konzeption und damit auch den Krieg vor Augen. Seine **Verschleierungstaktik** zwischen 1933 und 1939, als er ständig den Versailler Vertrag brach, dabei stets vom Frieden sprach und heimlich den Krieg vorbereitete, wurde von den Westmächten lange Zeit nicht durchschaut und durch die **Appeasementpolitik** teilweise sogar gefördert.

Hitlers erste außenpolitischen Aktionen im Jahr 1933 und 1934 waren also zunächst von der Taktik geprägt, der Welt die grundsätzlich friedliche Haltung Deutschlands zu demonstrieren. Er betonte dabei, dass Deutschland eine Revision der beschämenden Demütigungen durch den Versailler Vertrag anstrebe, dies jedoch nur auf friedlichem Wege bewerkstelligen wolle. Vor diesem Hintergrund kam ihm der Abschluss des **Reichskonkordates mit dem Vatikan** am 20. Juli 1933 sehr gelegen. Bis zum heutigen Tag ist dieser Vertrag sehr umstritten, da dadurch das NS-Regime zweifellos eine diplomatische Aufwertung erfuhr. Während die Kritiker unterstreichen, dass sich die katholische Kirche dadurch in opportunistischer Weise einem Diktator angebiedert habe, betonen die Befürworter, dass es der katholischen Kirche dadurch bis etwa 1939 gelang, sich einen Freiraum zu schaffen, der nicht der „Gleichschaltung" unterlag, was Widerstandsaktionen begünstigte.

Am 26. Januar 1934 folgte als weitere diplomatische Aktion ein **Nichtangriffspakt mit Polen.** Aus der Retrospektive betrachtet war dieses Bündnis der blanke Hohn, da es für Hitler lediglich den Sinn hatte, der Welt seine Friedensabsichten vorzugaukeln. Ein Blick in „Mein Kampf" hätte den Zeitgenossen genügt, um zu sehen, dass Polen dem künftigen deutschen „Lebensraum im Osten" geopfert werden sollte.

Das in seiner theoretischen Konzeption vorgesehene große Bündnis mit England bezüglich einer Aufteilung der Welt brachte Hitler nicht zustande, und es ist wohl auch nie ernsthaft darüber verhandelt worden. Dennoch gelang ihm am 18. Juni 1935 zumindest ein Teilerfolg. Durch das **deutsch-britische Flottenabkommen** hatte er de facto die Zustimmung Englands zu einer Wiederaufrüstung Deutschlands erhalten.

Parallel zu diesen Bündnissen schuf Hitler **vollendete Tatsachen,** indem er auf eigene Faust systematisch die Bestimmungen des Versailler Vertrages brach und somit zugunsten Deutschlands revidierte: Deutschland trat am 14. Oktober 1933 aus dem Völkerbund aus und demonstrierte dadurch, dass es sich nicht an internationale Abmachungen gebunden fühle. Hitler führte demzufolge am 16. März 1935 die allgemeine Wehrpflicht wieder ein und remilitarisierte am 7. März 1936 das Rheinland. Die Welt, getäuscht von den Friedensbeteuerungen und diplomatischen Erfolgen, sah tatenlos zu. Hitler war dabei stets im Vorteil, denn er riskierte lediglich einen Krieg, den er sowieso geplant hatte. Die restlichen Staaten hofften jedoch, im Rahmen der so genannten Appeasementpolitik einen Krieg vermeiden zu können, wenn

Hitler Zugeständnisse gemacht werden. Die **Olympischen Spiele** in Berlin im August 1936, die der Welt in einer grandiosen Propagandashow ein friedliebendes, weltoffenes Deutschland präsentierten, bestätigten kurzzeitig diesen Eindruck.

Die Bündnisse mit Italien am 25. Oktober 1936, die so genannte **„Achse Rom-Berlin"**, und mit Japan im **Antikominternpakt** am 25. November 1936, dem später auch Italien beitrat, bildeten dann einen weiteren Meilenstein, um unter Beibehaltung der bisherigen Verschleierungstaktik den Krieg langsam vorzubereiten.

Etwa ein Jahr später, am 5. November 1937 sprach sich Hitler in einer geheimen Sitzung vor hohen Offizieren offen für einen Krieg im Sinne seines Stufenplanes aus. Im sogenannten **„Hoßbachprotokoll"**, das der in dieser Aussprache anwesende Oberst Hoßbach heimlich über die Ausführungen Hitlers anfertigte, ist uns diese Tatsache überliefert. Der **„Anschluss" Österreichs** an Deutschland am 14. März 1938 und die **Abtretung des Sudetenlandes** an Deutschland im Münchener Abkommen am 29. September 1938 zeugen von der Entschlossenheit Hitlers, seine Kriegskonzeption umzusetzen, dokumentieren aber auch gleichzeitig die Grenzen der Appeasementpolitik. Obwohl Hitler in München versichert hatte, dass das Sudetenland seine letzte territoriale Forderung gewesen sei, folgten am 15./16. März 1939 die **Besetzung der „Resttschechei"** und ihre Umwandlung in das **„Protektorat Böhmen und Mähren"**. Auch diesen Schritt nahmen die Westmächte tatenlos hin, zu spät hatten sie die wahren Absichten Hitlers durchschaut.

Schluss

Erst jetzt formierte sich der Westen zu einer Allianz im Falle eines Angriffes auf Polen. Mittlerweile hatte Hitler Kontakte zur Sowjetunion geknüpft. Am 23. August 1939 schlossen Hitler und Stalin einen Nichtangriffspakt, den so genannten **„Hitler-Stalin-Pakt"**. Damit war die vierte polnische Teilung besiegelt. Der Kriegsausbruch des Zweiten Weltkrieges stand unmittelbar bevor, am 1. September 1939 erfolgte der deutsche Angriff auf Polen.

5 Mögliche Fragen zum Kurzreferat

Erläutern Sie die außenpolitische Bedeutung des Spanischen Bürgerkrieges für Deutschland!

Ausgangslage
- Bürgerkrieg in Spanien seit dem 18. 7. 1936
- Rebellion des Militärs unter General Franco gegen die Volksfrontregierung aus Republikanern, Sozialisten und Kommunisten

Unterstützung Italiens und Deutschlands für Franco
- Testen der Einsatzbereitschaft der deutschen Wehrmacht
- Kampfeinsätze der deutschen Luftwaffe als „Legion Condor"
- Intensivierung der seit dem Abessinienkonflikt gewachsenen politischen Beziehungen zwischen Hitler und Mussolini („Achse Rom-Berlin" seit dem 1. 11. 1936)

Untersuchen Sie die Bedeutung der Entlassung von Reichskriegsminister Blomberg, des Oberbefehlshabers des Heeres Fritsch und des Außenministers von Neurath zu Beginn des Jahres 1938!

Innenpolitische Bedeutung
- Gleichschaltung des Militärs und der Außenpolitik mit der NS-Ideologie
- Verschärfung der totalitären Struktur des NS-Regimes

Außenpolitische Bedeutung
- Kriegsvorbereitung
- Hitler nun „Oberbefehlshaber der Wehrmacht"
- Der Nationalsozialist Joachim von Ribbentrop löst den Konservativen Constantin von Neurath als Außenminister ab

Beschreiben Sie in kurzen Zügen die sogenannte „Sudetenkrise"!

Vorgeschichte der Sudetenkrise
- Gründung der Tschechoslowakei 1919
- Benachteiligung der deutschen Minderheit, der Sudetendeutschen

Folgen der Sudetenkrise
- Gründung einer Sudetendeutschen Partei unter Konrad Henlein
- Sudetendeutsche Forderungen nach Gleichberechtigung, Beteiligung an der Regierung und innerstaatlicher Autonomie
- Seit 1937 Kontakte Henleins zur NSDAP
- Ziel Hitlers: Benutzen der sudetendeutschen Forderungen zur Kriegsvorbereitung und zur Unterwerfung der gesamten Tschechoslowakei

Literatur

- *Klaus Hildebrand, Deutsche Außenpolitik 1933–1945. Kalkül oder Dogma?, München ²1994.*
- *Marie Luise Recker, Die Außenpolitik des Dritten Reiches, München 1990.*

Grundkurs Geschichte – Colloquium
Jahrgangsstufe 13 – Aufgabe 2

Themenbereich: Der Zweite Weltkrieg

1 Thema des Kurzreferates

Erörtern Sie, inwieweit Polen während des Zweiten Weltkrieges zum Objekt sowohl militärischer als auch politischer Bestrebungen wurde! Gehen Sie dabei vor allem auf den Zeitraum zwischen dem 23. August 1939 und dem Spätsommer 1945 ein!

2 Hinweise zur Themenerschließung

a) Erfassen der Aufgabenstellung und der Thematik
Die Aufgabenstellung verlangt eine eingehende Beschäftigung mit der militärischen und politischen Situation des Staates Polen während des Zweiten Weltkrieges, und zwar zwischen dem August 1939 und dem Spätsommer 1945.
Nach einer kurzen Einleitung zur staatlichen Entwicklung Polens seit dem Mittelalter soll im Rahmen einer Erörterung untersucht werden, inwieweit Polen im oben angeführten Zeitraum zum Objekt militärischer und politischer Bestrebungen auswärtiger Mächte wurde.
Am Schluss erfolgt ein kurzer Ausblick auf die Situation nach dem Kriegsende 1945.

b) Beachten besonderer Aspekte
- Kurze, themenbezogene (!) Einleitung
- Formulieren einer eindeutigen These
- Klar strukturierte und logisch durchdachte Begründungen (Beachten des in der Themenstellung angegebenen Bearbeitungszeitraumes; Schlüsselbegriffe: „polnischer Korridor", Hitler-Stalin-Pakt, Germanisierung, Generalgouvernement, Generalplan Ost, alliierte Kriegskonferenzen)
- Kurze Schlusszusammenfassung bzw. Ausblick: kein umfangreiches Abhandeln wesentlich neuer Gesichtspunkte

3 Gliederung des Kurzreferates

Einleitung

Aspekte der polnischen Geschichte

Erörterung

I. These: Polen als Spielball Deutschlands und Russlands

II. Argumente
- Hitler-Stalin-Pakt
- Deutscher Angriff auf Polen: Beginn des Zweiten Weltkrieges
- Kriegskonferenzen der Alliierten
- Konferenz von Potsdam

Schluss

Sowjetisierung Osteuropas

4 Kurzreferat

Einleitung

Polen hatte es seit dem Mittelalter schwer, eine staatliche Identität zu entwickeln. Zu mächtig waren die Nachbarn: im Westen das Heilige Römische Reich Deutscher Nation, im Osten das russische Zarenreich. So geriet das kleine Land immer wieder in Gefahr, durch die Intrigen und machtpolitischen Schachzüge der Nachbarn seine Eigenstaatlichkeit zu verlieren. Den Höhepunkt erreichte diese Entwicklung im 18. Jahrhundert, als Polen in drei Phasen in den Jahren 1772, 1793 und 1795 solange unter den Großmächten Preußen, Österreich und Russland aufgeteilt wurde, bis es von der Landkarte verschwunden war. Nach dem Wiener Kongress 1814/15 wurde Polen als so genanntes „Kongresspolen" von Russland in Personalunion regiert. Erst nach dem Ersten Weltkrieg entstand im Jahr 1919 ein unabhängiger polnischer Nationalstaat, der jedoch nur bis zum Sommer 1939 existierte.

Hauptteil

Aufgrund der unüberlegten Bestimmungen des Versailler Vertrages trug Polen den Keim der Zerstörung in sich, da Deutschland und Russland zugunsten des polnischen Nationalstaates große territoriale Verluste hatten hinnehmen müssen. Von Deutschland erhielt Polen den größten Teil der Provinzen Posen und Westpreußen, Ostpommern, Ostoberschlesien und einen Teil von Ostpreußen. Dazu kam die ungünstige Konstruktion des **„polnischen Korridors“**, wodurch das Deutsche Reichsgebiet von Ostpreußen abgetrennt wurde. Von Russland erhielt Polen Gebiete mit mehr als fünf Millionen Ukrainern und Russen als nationale Minderheiten. Daher war es das Ziel von Deutschland und Russland, diese Bestimmungen zu revidieren. Der Zeitpunkt dafür war gekommen, als sich die beiden Diktatoren Hitler und Stalin im Sommer 1939 in dieser Frage näher kamen. Nun wurde Polen zum Spielball der beiden totalitären Staaten.

Am 23. August 1939 schlossen Hitler und Stalin einen Nichtangriffspakt, den so genannten **„Hitler-Stalin-Pakt“**. Hitler wollte einen Zweifrontenkrieg vermeiden, Stalin wollte Zeit zur Aufrüstung gewinnen. In einem geheimen Zusatzprotokoll wurde Polen nun zum vierten Mal geteilt. Westlich der Flüsse Narew, Weichsel und San lag das deutsche, östlich davon das russische Interessengebiet. Eine Woche später wurde der Plan bereits in die Tat umgesetzt. Am 1. September 1939 begann mit dem deutschen Überfall auf Polen der Zweite Weltkrieg. Ab dem 17. September besetzte Stalin den östlichen Teil des ausgehandelten Interessengebietes und ließ bei Katyn fast 4 000 polnische Offiziere ermorden, um den Widerstandsgeist zu brechen. Es erfolgte anschließend eine von Terroraktionen begleitete **Sowjetisierung.** Anfang November 1939 wurde dieser Teil Polens über eine wohl gelenkte Volksabstimmung der Sowjetunion einverleibt.

Nachdem die deutschen Truppen in einem **„Blitzkrieg“** den im Hitler-Stalin-Pakt vereinbarten Teil Polens besiegt hatten, begann die deutsche Besatzung, die Züge eines abstrusen, groß angelegten Experimentes trug. Hier sollte erstmals eine **„Eindeutschung“** fremder Gebiete erfolgen, gewissermaßen als Auftakt zur Unterwerfung des restlichen Europas. Der westliche Teil wurde mit je einem Reichsstatthalter in das deutsche Reichsgebiet eingegliedert: Reichsgau Danzig-Westpreußen, Reichsgau Warteland, Ostoberschlesien, Südostpreußen. Um diese Gebiete zu „germanisieren“, wurde Heinrich Himmler, der Reichsführer der SS, zum „Reichskommissar für die Festigung des deutschen Volkstums“ ernannt. Es setzte in der Folge, wie Reinhard Heydrich, der Leiter des SS-Reichssicherheitshauptamtes es nannte, eine **„Flurbereinigung im Osten“** ein. Die meisten Juden, aber auch Geistliche, Intellektuelle und Adlige wurden ins sogenannte **„General-**

gouvernement" deportiert. In einer zweiten Phase wurde die polnische Bevölkerung aus diesen Gebieten verdrängt. Über eine Million Polen wurden als Zwangsarbeiter ins „Altreich" abgeschoben, wo sie ohne Urlaub, ohne Kontaktmöglichkeit zur Familie, selbst ohne die minimalen Rechte von Kriegsgefangenen in einer modernen Art von Sklaverei ausgebeutet wurden. Im Gegenzug wurden etwa 950 000 Volksdeutsche in die von den Deutschen besetzten polnischen Gebiete umgesiedelt.

Stellte der westliche Teil des deutschen Besatzungsgebietes in Polen eine Zone der so genannten „Eindeutschung" dar, so galt der restliche Teil der Besatzungszone, das „Generalgouvernement für die besetzten polnischen Gebiete" mit den Großstädten Warschau und Krakau, als eine Zone der Abkapselung von Polen und Juden, um diese für die deutsche Kriegswirtschaft auszubeuten und um ab den vierziger Jahren relativ unbemerkt vom „Altreich" die rassischen Wahnvorstellungen Hitlers in die Tat umzusetzen. Der rechtliche Status dieses Gebietes ist von deutscher Seite mit Absicht nie definiert worden. Es handelte sich um ein Nebenland des Reiches ohne Staatseigenschaft. Bevölkert war dieses Gebiet, das ständig von Sicherheitspolizei und SS-Einsatzgruppen überwacht wurde, von Polen und Juden, die überwiegend in Gettos lebten. Das letzte Ziel in Bezug auf Polen offenbarte der so genannte **„Generalplan Ost"** im Juli 1941. Neben dem Baltikum, Weißrussland und der Ukraine sollte ganz Polen innerhalb von dreißig Jahren deutsch besiedelt sein.

Nachdem jedoch seit **Stalingrad** im Winter 1942/43 allmählich offensichtlich wurde, dass der Zweite Weltkrieg für Deutschland nicht zu gewinnen war, wurde das weitere Schicksal Polens nicht von Hitler, sondern von Stalin bestimmt.

Bereits während des Krieges trafen sich die Alliierten mehrfach, um ihre Zielsetzung bezüglich Deutschlands zu koordinieren. Gemeinsam vertraten sie die bedingungslose Kapitulation Deutschlands, so dass Nazideutschland nach dem Krieg keinerlei Ansprüche zu stellen hatte, sondern zum Objekt der Siegermächte wurde. Auf der alliierten **Konferenz von Teheran** im Herbst 1943 wurde erstmals die brisante Frage diskutiert, was mit Polen nach dem Krieg geschehen sollte. Stalin bestand darauf, den von ihm besetzten Teil zu behalten und als Kompensation dafür den von Deutschland besetzten Teil mit deutschen Reichsgebieten zu entschädigen, d. h. Polen bis an die Oder und Neiße nach Westen zu verschieben. Obwohl Churchill bereits hier die Gefahr einer sowjetischen Expansionspolitik erkannt hatte, stimmten die Westmächte der Forderung Stalins zu, da die Hilfe der Sowjetunion zum Sieg über Deutschland unbedingt nötig war. Während der **Konferenz von Jalta** im Februar 1945 wurden die Absichten Stalins offensichtlich. Bereits im Dezember 1944 hatte Stalin in dem von ihm eroberten Polen eine kommunistische polnische Regierung eingesetzt, die sich anschickte, die deutschen Gebiete bis zur Oder und Neiße zu besetzen. Es begann eine Vertreibung von 12 Millionen Deutschen. Stalin hatte also vollendete Tatsachen geschaffen, obwohl die Alliierten die polnische Frage erst auf einer Friedenskonferenz regeln wollten. Die **Nachkriegskonferenz von Potsdam** im Sommer 1945 bestätigte de facto Stalins Vorgehen bezüglich Polens, jedoch mit dem Vorbehalt, dass eine endgültige Regelung einem Friedensvertrag vorbehalten sei. Somit war das Schicksal Polens für weitere vierzig Jahre besiegelt. Es gab keine Freiheit, sondern es entstand ein von einem totalitären kommunistischen Regime geführter Satellitenstaat Moskaus.

Schluss

Churchill hatte also Recht behalten. In der Folge setzte, dem polnischen Beispiel folgend, eine Sowjetisierung Osteuropas ein, die Polen, Mitteldeutschland, die CSSR, Ungarn, Bulgarien und Rumänien umfasste. Ein **„eiserner Vorhang“**, wie Churchill es nannte, war in Europa niedergegangen, der die freie Welt vom Totalitarismus des so genannten **„Ostblocks“** trennte.

5 Mögliche Fragen zum Kurzreferat

Parallel zum Kriegsverlauf entwickelte sich eine NS-Vernichtungspolitik. Gehen Sie darauf ein!

- Vernichtungsfeldzug gegen die Juden (Wannsee-Konferenz)
- Vernichtung der politischen Führungsschicht der Sowjetunion
- Vernichtung „lebensunwerten Lebens“
  - „Kinderaktion“: Tötung behinderter Neugeborener
  - „Euthanasie“: Tötung Behinderter und unheilbar Kranker
  - „Untermenschen“: Zigeuner, Homosexuelle, sowjetische Kriegsgefangene

Zeigen Sie Formen des deutschen Widerstandes gegen das NS-Regime!

- Privatleute
  - „Swing-Jugend“
  - „Weiße Rose“
  - Attentat im Bürgerbräukeller durch Georg Elser
- Kommunisten und Sozialdemokraten
- Kirche
  - Katholiken: Alfred Delp, Bischof Galen
  - Protestanten: Martin Niemöller, Dietrich Bonhoeffer
- Politische Kreise
  - Kreisauer Kreis
  - Beck-Goerdeler-Kreis
- Militär
  - Staatsstreichplan von 1938 (Beck, Canaris)
  - Stauffenberg: 20. Juli 1944

Skizzieren Sie die Auseinandersetzungen zwischen den USA und dem deutschen Verbündeten Japan während des Zweiten Weltkrieges!

- Ausgangslage
  - Aggressive Expansionspolitik Japans als Bedrohung der USA
  - Überfall des amerikanischen Militärstützpunktes Pearl Harbour auf Hawaii am 8. Dezember 1941
- Bedeutung des Überfalls
  - Ausweitung zum Weltkrieg
  - Kriegserklärung der USA an Japan
  - Kriegserklärung Deutschlands als Verbündeter Japans an die USA
- Verlauf des Krieges im Pazifik
  - Zunächst japanische Eroberung des Pazifiks und Südostasiens
  - Stoppen der japanischen Expansion seit der Schlacht von Midway am 3. 7. 1942
  - Systematische Rückeroberung der von Japan besetzten Gebiete durch die USA
  - Einsatz von Atombomben in Hiroshima und Nagasaki Anfang August 1945 aufgrund der japanischen Weigerung zu kapitulieren
  - Bedingungslose Kapitulation Japans am 2. 9. 1945

Literatur

- *Andreas Hillgruber, Der Zweite Weltkrieg 1939–1945, Stuttgart ^{6}1996.*
- *Lothar Gruchmann, Totaler Krieg. Vom Blitzkrieg zur bedingungslosen Kapitulation, München 1991.*

Grundkurs Geschichte – Colloquium
Jahrgangsstufe 13 – Aufgabe 3

Themenbereich: Nachkriegsdeutschland 1945–1949

1 Thema des Kurzreferates

Definieren Sie den Begriff „Kalter Krieg", und erörtern Sie, inwieweit der „Kalte Krieg" die Entwicklung Deutschlands bis 1948/49 beeinflusst hat!

2 Hinweise zur Themenerschließung

a) Erfassen der Aufgabenstellung und der Thematik
Die Aufgabe besteht aus zwei Teilen. Die Aufgabenstellung verlangt zunächst die Definition des Begriffes „Kalter Krieg". Danach muss erörtert werden, inwieweit der „Kalte Krieg" die Entwicklung Deutschlands bis 1948/49 beeinflusst hat.
Einleitend sollte die für das Nachkriegsdeutschland wegbestimmende Konferenz von Potsdam erwähnt werden.
Der Hauptteil beginnt mit der oben erwähnten Definition. Daran schließt sich eine Erörterung an, die sich mit der Bedeutung des „Kalten Krieges" für Deutschland beschäftigt.
Als Schlussgedanke kann die so genannte „Deutsche Frage" angesprochen werden.

b) Beachten besonderer Aspekte
- Kurze, themenbezogene (!) Einleitung
- Aufgabenteil 1: Definition des Begriffes „Kalter Krieg"
  - Eingehen auf die Symbolik des Begriffes
  - Konkretes Darstellen und Bewerten dieser Epoche
- Aufgabenteil 2:
  - Schwerpunkt des Referates
  - Formulieren einer eindeutigen These
  - Klar strukturierte und logisch durchdachte Begründungen (Schlüsselbegriffe: Deutsche Frage, Bundesrepublik Deutschland, Deutsche Demokratische Republik)
- Kurze Schlusszusammenfassung bzw. Ausblick: kein umfangreiches Abhandeln wesentlich neuer Gesichtspunkte

3 Gliederung des Kurzreferates

Einleitung

Konferenz von Potsdam

Hauptteil

I. Definition „Kalter Krieg"
   - Interessengegensätze des Westens und Stalins seit Potsdam
   - Trumandoktrin
   - Blockbildung

II. Erörterung
   - These: „Kalter Krieg" als Keim der deutschen Teilung
   - Argumente
     - Konfrontation zwischen West- und Ostblock
     - Gründung der Bundesrepublik Deutschland
     - Gründung der Deutschen Demokratischen Republik

Schluss

Deutsche Frage

4 Kurzreferat

Einleitung

Bereits seit den **Kriegskonferenzen von Teheran und Jalta** traten zwischen den Westmächten und Stalin Interessengegensätze zu Tage, wie zum Beispiel in der polnischen Frage, über die Auslegung des Begriffs „Demokratie" und natürlich auch über die Behandlung Deutschlands, die jedoch durch den gemeinsamen Feind Hitler überlagert wurden. Seit der **Potsdamer Konferenz** war jedoch klar, dass Stalin seinen Machtbereich durch eine **Sowjetisierung** weiter Teile Mittel- und Osteuropas, und zwar insbesondere auch Deutschlands, erweitern wollte. Während er gezielt seine Pläne umsetzte, reagierte der Westen eher unbeholfen, ohne ein festes Konzept.

Hauptteil

Zu spät erkannte der Westen, dass Stalin nun den Weg einer **kommunistischen Expansionspolitik** beschritt. Ihr Ziel war die Erweiterung des sowjetischen Machtbereichs bis nach Deutschland, um womöglich eine sowjetische Hegemonie in Europa zu vollenden. Gemäß dem **Londonder Abkommen** von 1944 hatten die US-Streitkräfte weite Teile Mitteldeutschlands und des Sudetenlandes wieder geräumt, da diese Gebiete den Sowjets als Besatzungsgebiete zugedacht waren. Hätten die Amerikaner die sowjetische Bedrohung rechtzeitig erkannt und diese von ihnen befreiten Gebiete nicht mehr aus ihren Händen gegeben, so wäre etwa Thüringen oder dem Egerland fast ein halbes Jahrhundert kommunistischer Diktatur erspart geblieben.

Die so genannte **„Truman-Doktrin“** des amerikanischen Präsidenten Truman vom 12. März 1947 bildete dann das Signal des Westens, der Expansionspolitik Stalins Einhalt zu gebieten. Durch die **„Containmentpolitik“** sollte der kommunistische Expansionsdrang gestoppt werden. Allen Ländern, die vom Kommunismus bedroht waren, versprach man mit Hilfe des Marshall-Plans wirtschaftliche und militärische Hilfe. Im Gegenzug gründete die Sowjetunion am 30. September 1947 die **Kominform** (Kommunistisches Informationsbüro) als Koordinationsforum aller kommunistischen Parteien, wobei diese die ideologische Führung durch die KPDSU anerkannten. Fortan spaltete sich die Welt in zwei Lager: in das freiheitlich-demokratische Lager des Westens und in das totalitär-kommunistische Lager des Ostens. Damit setzte auch der so genannte **„Kalte Krieg“** ein, eine metaphorische Umschreibung für ein Zeitalter, in dem keine aktiven Kriegshandlungen stattfanden, in dem jedoch indirekt Krieg geführt wurde. Es war eine Zeit, in der man die gegenseitigen Machtbereiche durch massive Grenzanlagen abschottete, eine irrsinnige Rüstung betrieb, mit der **NATO** und dem **„Warschauer Pakt“** zwei feindliche Militärblöcke bildete, Stellvertreterkriege wie etwa in Korea oder Vietnam führte und einen ideologischen Machtkampf der Systeme betrieb, der sich selbst auf Bereiche wie etwa den Sport oder die Weltraumfahrt ausdehnte.

Diese weltpolitische Konstellation bildete den Hintergrund für die Zukunft Nachkriegsdeutschlands. Sicherlich ist im Zeitalter des „Kalten Krieges“ der Keim für die deutsche Teilung zu sehen. Im Frühjahr 1947 endete die gemeinsame Politik der alliierten Siegermächte gegenüber Deutschland. Die Russen verließen ein Jahr später den **alliierten Kontrollrat** in Berlin, der für die Verwaltung ganz Deutschlands zuständig war, und boykottierten die periodisch stattfindenden gemeinsamen Außenministerkonferenzen. Jeder ideologische Machtbereich wollte nun seinen eigenen deutschen Staat initiieren.

Das Ziel der Gründung eines westdeutschen Staates durch die Westmächte wurde erstmals in der **Rede des amerikanischen Außenministers Byrnes** am 6. September 1946 in Stuttgart offenkundig, worin er andeutete, dass nun der Zeitpunkt gekommen sei, dem deutschen Volk die Erlaubnis zur Bildung einer demokratischen deutschen Regierung zu gewähren. Dass damit nur die westlichen Besatzungszonen gemeint waren, wird in einer weiteren Passage der Rede deutlich, wenn er davon spricht, dass die USA zwar für eine wirtschaftliche Vereinigung Deutschlands eintreten. Sollte diese jedoch nicht möglich sein, so würden die USA alles tun, um eine größtmögliche Vereinigung zu sichern. Offensichtlich hatte man sich also in der US-Administration bereits mit einer Teilung Deutschlands in einen demokratisch und in einen kommunistisch regierten Teil abgefunden.

Bereits am 1. Januar 1947 wurden im Sinne einer „größtmöglichen Vereinigung" die amerikanische und die britische Besatzungszone zur so genannten **„Bi-Zone"** zusammengeschlossen. Die Gründe für den Zusammenschluss lagen eher im wirtschaftlichen Bereich, doch man kann diese „Bi-Zone" auch als die politische Keimzelle der späteren Bundesrepublik Deutschland betrachten. Im Frühjahr 1948 beschloss die **Londonder Sechsmächtekonferenz** die Bildung eines deutschen Weststaates, der in internationale Institutionen eingebunden werden sollte. Die französische Besatzungszone wurde daraufhin an die „Bi-Zone" angegliedert. Aus Protest gegen diese Weichenstellung verließ die UdSSR den alliierten Kontrollrat. Am 1. Juni 1948 übergaben die alliierten Militärgouverneure den zuständigen deutschen Politikern die **„Frankfurter Dokumente"**, die unter anderem den Rahmen für den deutschen Weststaat vorgaben. Es sollte von den Ministerpräsidenten der Länder eine Verfassunggebende Versammlung einberufen werden, deren Mitglieder von den Länderparlamenten zu wählen waren. Die Verfassung sollte eine bundesstaatliche und demokratische Struktur aufweisen und die Menschenrechte beinhalten. Die Ministerpräsidenten stimmten dieser Vorgabe im Wesentlichen zu. Um jedoch den Provisoriumscharakter dieser Weststaatsbildung zu betonen und um eine spätere deutsche Einheit nicht zu beeinträchtigen, wurden der Begriff „Verfassung" durch den Begriff „Grundgesetz" und der Begriff „Verfassunggebende Versammlung" durch den Begriff „Parlamentarischer Rat" ersetzt. Im August 1948 trafen sich daraufhin Sachverständige der jeweiligen Länderregierungen in **Herrenchiemsee** in Bayern, um dem Parlamentarischen Rat einen Verfassungsentwurf vorzulegen. Dieser Entwurf, der gezielt versuchte, die „Fehlkonstruktionen" der Weimarer Reichsverfassung zu vermeiden, wurde vom **Parlamentarischen Rat** in Bonn in weiten Teilen übernommen. Am 23. Mai 1949 trat schließlich das Grundgesetz der Bundesrepublik Deutschland in Kraft. Am 14. August 1949 wurde der erste Deutsche Bundestag gewählt.

Obwohl die Sowjetunion nach Kriegsende stets Wert darauf gelegt hatte, Deutschland, wie es im Potsdamer Abkommen lautet, „als Ganzes" zu verwalten, ging sie seit 1945 daran, ihre Besatzungszone zu sowjetisieren, d. h. zu einem Mitglied des Ostblocks umzugestalten. Diese Politik, das wusste Stalin sicherlich, lief also über kurz oder lang auch auf die Gründung eines deutschen Oststaates hinaus. Die **„Gruppe Ulbricht"**, eine Gruppe von Exilanten, die vor den Nazis aus Deutschland geflohen waren und in Moskau zu führenden Kommunisten geschult wurden, übernahmen nun in der Sowjetischen Besatzungszone den Aufbau des Sozialismus. Seit Juni 1945 wurden wieder Parteien zugelassen. Im Rahmen der so genannten **„Volksfrontpolitik"**, die eine Entnazifizierungsprozedur wie im Westen ersetzte, wurden alle politischen Kräfte, und zwar auch ehemalige Nazis, eingeladen, gegen den Faschismus und für den Sozialismus zu kämpfen. Der oben beschriebene „Kalte Krieg" beschleunigte dann die weitere Entwicklung. 1946 wurden die SPD und die KPD zur neuen Staatspartei SED zwangsvereinigt. Die kasernierte Volkspolizei bildete den Grundstock für die spätere Nationale Volksarmee. Weiterhin wurde nach sowjetischem Vorbild die s**ozialistische Planwirtschaft** eingeführt. Die **„Volkskongressbewegung"** bildete schließlich den Keim für die Staatsgründung. Dieses Sammelbecken aller politischen Kräfte, das jedoch von der SED dominiert wurde, beriet den von der SED vorgelegten Verfassungsentwurf, der eine Volksdemokratie nach sowjetischem Muster, also einen Staat ohne Gewaltenteilung vorsah. Am 9. Oktober 1949 trat diese Verfassung in Kraft. Aus der Sowjetischen Besatzungszone war die Deutsche Demokratische Republik geboren worden, ein Staat, der noch viel extremer als der Weststaat von den Weisungen seiner Initiatoren in Moskau abhing.

Schluss

Natürlich stellte sich nun, nachdem zwei deutsche Staaten gegründet waren, die Frage einer eventuellen Wiedervereinigung. Beide Verfassungen hatten dieses Ziel nicht aus den Augen gelassen, natürlich unter jeweils anderen Vorzeichen. Diese so genannte **„Deutsche Frage"** bildete einen Schwerpunkt der deutschen, aber auch der internationalen Politik. Sie war gewissermaßen immer ein Gradmesser bezüglich des Verhältnisses zwischen West und Ost. Erst als sich Ende der achtziger Jahre mit Michail Gorbatschow die weltpolitische Konstellation zu ändern begann, kam auch Bewegung in die Deutsche Frage.

5 Mögliche Fragen zum Kurzreferat

Erläutern Sie die so genannte „Entnazifizierung" in der amerikanischen Besatzungszone!

- Grundannahme: Kollektivschuld aller Deutschen am Naziterror
- Durchführung des Verfahrens
  - Ausfüllen von Fragebögen mit persönlichen Details (Beruf, Parteimitgliedschaft, NS-Organisationen, Militärdienst etc.)
  - Anhörung vor einer Spruchkammer
  - Insgesamt ein Fehlschlag (viele ehemalige Nazis konnten sich der Verantwortung entziehen)

Zeigen Sie die Konsequenzen, die das Grundgesetz der Bundesrepublik Deutschland aus der Weimarer Verfassung gezogen hat!

Veränderungen gegenüber der Weimarer Verfassung
- Grundrechte: Fundament der Verfassung
- personalisiertes Verhältniswahlrecht (eigenes Wahlgesetz): keine Parteienzersplitterung
- kein Volksentscheid: Angst vor politischen Unruhen
- Parteien: in Art. 21,1 speziell hervorgehoben
- Staatspräsident: schwächere Position als in der Weimarer Republik (vgl. gefährliche Politik Hindenburgs)
- Kanzler: stärkere Position als in der Weimarer Republik (konstruktives Misstrauensvotum)
- Sicherungen vor Extremismus: Art. 79,3 (Ewigkeitsklausel) und Art. 21,2; 9,2; 18 und 33,5 (wehrhafte Demokratie)

Skizzieren Sie das Problem der „Vertreibung" der deutschstämmigen Bevölkerung aus Osteuropa!

Gesetzliche Grundlage der Vertreibung: Art. XIII. des Potsdamer Abkommens
- Vertreibung der Deutschen aus den Gebieten östlich von Oder und Neiße, aus Ungarn und der Tschechoslowakei (Sudetenland)
- insgesamt etwa 12 Millionen Menschen

Durchführung der „Umsiedlung“
- Meist keine humane Umsetzung der „Umsiedlung“ wie im Potsdamer Abkommen gefordert
- Verbrechen an deutschen Flüchtlingen in der Tschechoslowakei sogar von staatlicher Seite geduldet (vgl. Benes-Dekret vom 8. Mai 1945)

Folgen der „Umsiedlung“
- Eingliederungsprobleme in den Westzonen (knapper Wohnraum, Ressentiments der westdeutschen Bevölkerung, materielle Not)
- Aufarbeitung der Vorgänge auch in der Gegenwart noch ein Problem (vgl. Verhältnis der Sudetendeutschen zum heutigen Tschechien)

Literatur

- *Andreas Hillgruber, Deutsche Geschichte 1945–1986. Die „deutsche Frage“ in der Weltpolitik, Stuttgart ^{8}1995.*

Grundkurs Geschichte – Colloquium
Jahrgangsstufe 13 – Aufgabe 4

Themenbereich: Die Entwicklung der Bundesrepublik Deutschland von 1949 bis 1990 unter Einbeziehung der Deutschen Frage

1 Thema des Kurzreferates

Zeigen Sie die wichtigsten Stationen der nach Osten orientierten Außenpolitik der sozialliberalen Koalition in dem Zeitraum von 1969 bis 1972, und erörtern Sie, ob diese grundlegend neue Ostpolitik mit der Präambel des Grundgesetzes der Bundesrepublik Deutschland vereinbar war!

2 Hinweise zur Themenerschließung

a) Erfassen der Aufgabenstellung und der Thematik
Die Aufgabe besteht aus zwei Teilen. Die Aufgabenstellung verlangt zunächst eine Darstellung der wichtigsten außenpolitischen Stationen der sozialliberalen Koalition. Danach muss die Frage erörtert werden, ob diese Außenpolitik mit der Präambel des Grundgesetzes vereinbar war.
In der Einleitung sollte auf die Außenpolitik der Bundesrepublik vor der sozialliberalen Koalition eingegangen werden. Der Hauptteil des Referates beschäftigt sich mit den wichtigen Stationen dieser Außenpolitik sowie mit der Erörterung der Frage der Vereinbarkeit dieser Politik mit dem Grundgesetz.
Abschließend bietet sich eine Bewertung dieser Ostpolitik aus der heutigen Sicht an.

b) Beachten besonderer Aspekte
- Kurze, themenbezogene (!) Einleitung
- Gleichwertigkeit der beiden Aufgabenteile
- Aufgabenteil 1
  - Darstellen und Bewerten der sozialliberalen Außenpolitik (Moskauer-, Warschauer- und Prager Vertrag, Viermächteabkommen, Grundlagenvertrag)
- Aufgabenteil 2
  - Formulieren einer eindeutigen These
  - Klar strukturierte und logisch durchdachte Begründungen (Schlüsselbegriffe: Präambel des Grundgesetzes, Friedensvertrag, Verantwortung der Siegermächte, Wiedervereinigung)
- Kurze Schlusszusammenfassung bzw. Ausblick: kein umfangreiches Abhandeln wesentlich neuer Gesichtspunkte

3 Gliederung des Kurzreferates

Einleitung

Alleinvertretungsanspruch und Hallstein-Doktrin

Hauptteil

I. Stationen der Ostpolitik
- „Wandel durch Annäherung“
- Eingehen auf Vorstellungen Moskaus
- Abschließen von Verträgen im Jahr 1970: „Moskauer Vertrag“, „Warschauer Vertrag“, „Prager Vertrag“
- Viermächteabkommen über Berlin im Jahr 1971
- Grundlagenvertrag mit der DDR im Jahr 1972

II. Erörterung
- These: Vereinbarkeit der Ostpolitik mit der Präambel des Grundgesetzes
- Argumente
  - Weitere Verantwortung der Siegermächte
  - Endgültige Festlegung der Grenzen in einem künftigen Friedensvertrag
  - DDR: kein Ausland
  - Wiedervereinigung weiterhin möglich

Schluss

Beurteilung der Bedeutung der Ostpolitik aus heutiger Sicht

4 Kurzreferat

Einleitung

Weder die Bundesrepublik noch die DDR hatten nach 1949 die Zielsetzung aus den Augen verloren, die Einheit Deutschlands wiederherzustellen. Die Bundesrepublik der Adenauerzeit betrachtete die DDR nicht als souveränen Staat und beanspruchte für sich einen **Alleinvertretungsanspruch** für ganz Deutschland. Diese Haltung wurde mit der Tatsache begründet, dass in der Sowjetischen Besatzungszone keine freien Wahlen stattgefunden hatten, die den Willen der dort lebenden Deutschen repräsentieren. Um andere Staaten davon abzuhalten, eine staatliche Existenz der DDR anzuerkennen, erklärte die Bundesrepublik in der **„Hallstein-Doktrin"**, die diplomatischen Beziehungen zu den Staaten abzubrechen, die mit der DDR diplomatische Beziehungen aufnehmen und damit als Staat akzeptierten. Für alle Bundesregierungen bis zum Jahr 1969 stellten diese Grundentscheidungen, die auch von den Westalliierten mitgetragen wurden, die außenpolitische Richtlinie dar.

Hauptteil

Mit dem politischen Wandel im Jahr 1969 unter Kanzler Willy Brandt im Rahmen der Koalition zwischen der SPD und der FDP änderte sich auch die Haltung zur Deutschen Frage. Unter dem Motto **„Wandel durch Annäherung"** war man nun gewillt, die bisherige starre Position gegenüber der DDR aufzugeben, um für die Menschen in beiden deutschen Staaten eine Annäherung zu ermöglichen und um die Situation West-Berlins zu verbessern. Man war sich dabei im Klaren, dass die Beziehungen zur DDR nur über Zugeständnisse an Moskau zu normalisieren waren. Diese Zugeständnisse lagen darin, die Haltung der Bundesrepublik zu Polen und zur CSSR in einer für Moskau akzeptablen Art und Weise vertraglich zu definieren. Dieser Schritt wurde nun gewagt. Im Jahr 1970 schloss die Bundesrepublik Deutschland Freundschaftsverträge mit der Sowjetunion, mit Polen und mit der CSSR ab. Im **„Moskauer Vertrag"** akzeptierte die Bundesrepublik die Unverletzlichkeit der Oder-Neiße-Grenze zu Polen sowie der Grenze zur DDR, jedoch vorbehaltlich einer endgültigen Regelung in einem künftigen Friedensvertrag. Im **„Warschauer Vertrag"** wurde diese Regelung im Wesentlichen noch einmal bestätigt. Im **„Prager Vertrag"** schließlich wurde das Münchener Abkommen von 1938 für „nichtig" erklärt.

Nach Abschluss dieser Verträge war nun der Weg frei für gesamtdeutsche Maßnahmen. Zunächst zeigte es sich, dass die Sowjetunion bereit war, den

Zugeständnissen der Bundesregierung nun ihrerseits Zugeständnisse folgen zu lassen. Im **Viermächteabkommen über Berlin** im Jahr 1971 erklärte sie sich zusammen mit den Westalliierten bereit, West-Berlin durch Transitwege enger an die Bundesrepublik anzubinden und die zwischenmenschlichen Kontakte zwischen den Bürgern der geteilten Stadt zu erleichtern. Das Terrain war nun geebnet, um in gleicher Weise das Zusammenleben zwischen den beiden deutschen Staaten zu normalisieren. Dazu wurde im Jahr 1972 der **Grundlagenvertrag** abgeschlossen. Die Bundesrepublik Deutschland und die Deutsche Demokratische Republik betrachteten sich als gleichberechtigt, tauschten „Ständige Vertreter" aus, bestätigten die Unverletzlichkeit ihrer Grenzen, erhoben keine Gebietsansprüche und verzichteten auf Alleinvertretungsansprüche. Wichtiger als der politische Aspekt war wohl jedoch die im Vertrag festgelegte Bestimmung, „praktische und humanitäre Fragen zu regeln". Das betraf unter anderem die Reiseerleichterungen bzw. die Familienzusammenführungen.

Im Anschluss an dieses Vertragswerk meldete die Bundestagsopposition Zweifel an, ob die abgeschlossenen Verträge mit der **Präambel des Grundgesetzes** in Einklang zu bringen seien, wonach „das gesamte deutsche Volk [...] aufgefordert [bleibt], in freier Selbstbestimmung die Einheit und Freiheit Deutschlands zu vollenden". Das **Bundesverfassungsgericht** wies eine Klage der Opposition ab und erklärte die Ostpolitik der sozialliberalen Koalition für verfassungskonform. Durch diese Ostpolitik wurden der Alleinvertretungsanspruch und die Hallstein-Doktrin aufgegeben. Faktisch hatte man die Grenzregelung nach dem Zweiten Weltkrieg akzeptiert. Aber diese Verträge bedeuteten keine endgültige Festlegung, denn noch immer hatten die Alliierten die Verantwortung für ganz Deutschland zu tragen, und solange kein Friedensvertrag geschlossen war, waren auch die jetzt bestehenden Verträge nicht als endgültig anzusehen. Die DDR war aus der Sicht der Bundesrepublik kein Ausland, es gab nur eine deutsche Staatsangehörigkeit, daher tauschte man auch keine Botschafter, sondern „Ständige Vertreter" aus.

Schluss

Eine künftige Wiedervereinigung war also durch die Ostpolitik der sozialliberalen Koalition nicht unmöglich geworden. Betrachtet man diese Politik aus der heutigen Sicht, so hat sie im Gegenteil den Weg dazu geebnet, das starre DDR-System durchlässiger und damit auch anfälliger für freiheitliche Ideen zu machen, was letztlich zum Sturz des Systems beigetragen hat.

5 Mögliche Fragen zum Kurzreferat

Erläutern Sie die Bedeutung der „Großen Koalition" zwischen 1966 und 1969!

Entstehungsgrund
- Wirtschaftskrise
- Angst vor Agitation der rechtsradikalen NPD

Zusammensetzung der „Großen Koalition"
- Regierung aus CDU-, CSU- und SPD-Politikern
- Kanzler: Kurt Georg Kiesinger von der CDU; Vizekanzler und Außenminister Willy Brandt (SPD)

Folgen der „Großen Koalition"
- wirtschaftspolitisch: ein großer Erfolg durch das Stabilitätsgesetz
- innenpolitisch: Beginn der außerparlamentarischen Opposition und der 68er-Bewegung gegen die konservative Grundhaltung der damaligen Bundesrepublik

Untersuchen Sie die Bedeutung der sogenannten „Ölkrise" in den 70er-Jahren für die Bundesrepublik!

Ursache: Verdreifachung des Ölpreise durch die arabischen Länder aufgrund der westlichen Unterstützung Israels im Nahostkrieg

Folgen der Ölkrise
- erstmals seit 1945 einschneidende Stagnation des Wirtschaftswachstums (vgl. die Studien zu den „Grenzen des Wachstums" des „Clube of Rome")
- Arbeitslosigkeit
- Politische Schwierigkeiten für die sozialliberale Koalition Schmidt/Genscher (Kritik: fehlende Reformbereitschaft)

Erklären Sie den Begriff „Extremistenbeschluss"!

Sorge um innere Sicherheit
- Ostpolitik (eventueller Einfluss des Kommunismus)
- 68-er Studentenbewegung und APO

Beschluss der Ministerpräsidenten im Januar 1972
- Überprüfung der demokratischen Grundhaltung aller Beamtenanwärter und Bewerber für den öffentlichen Dienst
- Heftige gesellschaftliche Kontroverse über die Verhältnismäßigkeit einer Überprüfung durch den Verfassungsschutz

Literatur

- *Immanuel Geiss, Die deutsche Frage 1806–1990, Mannheim 1992.*
- *Kurt Sontheimer, Die Adenauer-Ära. Grundlegung der Bundesrepublik, München 1991.*

Grundkurs Geschichte – Colloquium
Jahrgangsstufe 13 – Aufgabe 5

Themenbereich: Die Entwicklung der Deutschen Demokratischen Republik von 1949 bis 1990 unter Einbeziehung der Deutschen Frage

1 Thema des Kurzreferates

Erörtern Sie, ob im Rahmen der Entwicklung der Deutschen Demokratischen Republik von 1949 bis 1990 bereits vor dem Jahr 1989/90 mögliche Ursachen für den Sturz des SED-Regimes grundgelegt wurden!

2 Hinweise zur Themenerschließung

a) Erfassen der Aufgabenstellung und der Thematik
Die Aufgabenstellung verlangt zu untersuchen, ob sich in der ehemaligen DDR bereits vor den Problemen der Jahre 1989/90 Konfliktpotentiale angehäuft hatten, so dass der Sturz des SED-Regimes nur eine Frage der Zeit war.
Das Referat muss nach dem Erörterungsprinzip aufgebaut werden.
Nach der Einleitung, die in knappen Zügen die Entwicklung der DDR von der sowjetischen Besatzungszone zum eigenverantwortlichen Staat beschreibt, folgt die Erörterung der oben angeführten Fragestellung.
Der Schluss kann resümierend die Deutsche Wiedervereinigung ansprechen.

b) Beachten besonderer Aspekte
- Kurze, themenbezogene (!) Einleitung
- Formulieren einer eindeutigen These
- Klar strukturierte und logisch durchdachte Begründungen (Schlüsselbegriffe: Stalinismus, Ölkrise, Reformunfähigkeit, Friedliche Revolution)
- Kurze Schlusszusammenfassung bzw. Ausblick: kein umfangreiches Abhandeln wesentlicher neuer Gesichtspunkte

3 Gliederung des Kurzreferates

Einleitung

Von der Sowjetischen Besatzungszone zur DDR

Hauptteil

I. These: Keim für den Sturz schon vor 1989/90

II. Argumente
- Stalinistische SED-Diktatur unter Walter Ulbricht
- Scheinbare Konsolidierung des Regimes unter Erich Honecker
- Ölkrise
- Reformunfähigkeit trotz Unterzeichnen der KSZE-Akte von Helsinki
- Friedliche Revolution

Schluss

Deutsche Wiedervereinigung

4 Kurzreferat

Einleitung

Stalin formte die Sowjetische Besatzungszone systematisch zu einem sowjetischen Satellitenstaat um, der in die Reihe der Ostblockmächte eingereiht wurde. Dieser Deutschen Demokratischen Republik kam dabei im Rahmen des „Kalten Krieges“ eine besondere Funktion zu, denn sie bildete genauso wie die Bundesrepublik Deutschland die Nahtstelle der beiden ideologischen und militärischen Blocksysteme.

Hauptteil

Demzufolge vertrat die DDR in den fünfziger und sechziger Jahren eine von Moskau verordnete linientreue Politik. Walter Ulbricht, ein in Moskau ausgebildeter Kommunist, regierte dieses Land mit **„stalinistischen“ Mitteln.** Der diktatorisch auftretende „Herrscher“ und die ihm untergeordnete Staatspartei bestimmen dabei die Politik. Massive Unterdrückung und Terror gegen Andersdenkende sowie ein pseudoreligiöser Führerkult prägen das politische Leben. So setzte unter Ulbricht sehr bald eine **„Säuberungswelle“**

ein, die die Parteien, Kirchen, Schulen und Medien „gleichschaltete“. Das 1950 geschaffene **„Ministerium für Staatssicherheit“** überwachte nun mit Hilfe eines ausgeklügelten Spitzelsystems die Bürger der DDR auf ihre kommunistische Gesinnung und ihre Staatstreue. Schließlich wurden die Wirtschaft und die Landwirtschaft mit Hilfe von **Fünfjahresplänen** nach dem sowjetischen Muster der **Sozialisierung** und **Kollektivierung** gestaltet.

Dass die Bevölkerung mit diesem politischen Stil nicht einverstanden war, zeigte sich erstmals in den Unruhen am **17. Juni 1953,** wo die Arbeiter gegen den Stalinismus Ulbrichts und seines SED-Regimes, gegen zu hohe Arbeitsnormen protestierten. Russische Panzer beendeten den Aufstand. Die Probleme wurden jedoch dadurch nicht gelöst und schwelten unter der Oberfläche weiter.

In der Folge setzte nach **Stalins Tod** im Jahr 1953 unter Chruschtschow eine Phase der Entkrampfung und der Reformen ein. Ulbricht ging jedoch diesen Weg nicht mit. Er blieb ein kommunistischer Hardliner, der nun etwa das **„Republikfluchtgesetz“** initiierte, das die DDR praktisch in ein Gefängnis verwandelte. Ferner hatte er sich 1956 das Ziel gesetzt, die Bundesrepublik wirtschaftlich zu überflügeln. Eine in diesem Zusammenhang einsetzende rücksichtslose Kollektivierung von privaten Initiativen in Handwerk und Landwirtschaft führte zu ernsten Versorgungsengpässen, so dass immer mehr Menschen im Rahmen einer **„Abstimmung mit den Füßen“** aus der DDR flüchteten. Insgesamt waren von 1949 bis 1961 fast drei Millionen DDR-Bürger geflohen.

So hielt am **13. August 1961** die Welt den Atem an, als über die Medien verbreitet wurde, dass die DDR in Berlin eine Mauer errichtet hatte. Ulbricht wollte dadurch das Ausbluten der DDR verhindern, offiziell bezeichnete die DDR die Mauer jedoch als **„antiimperialistischen Schutzwall“**, der den Osten vor den verderblichen Einflüssen des kapitalistischen Westens schützen sollte. In den folgenden Jahren arrangierte sich die DDR-Bevölkerung mit den gegebenen Umständen. Es entstand eine **Nischengesellschaft,** d. h. man suchte sich private Freiräume, um dem staatlichen Druck zu entgehen. Reisen innerhalb des Ostblocks wurden möglich. Erfolge des Leistungssports als Identifikationsmöglichkeit mit dem ungeliebten Staat und eine offenere Kulturpolitik besänftigten den Unmut.

Nachdem Ulbricht im Jahr 1971 wegen seines selbstbewussten, von Moskau nicht mehr geschätzten Kurses zurücktreten musste, setzte sich unter **Erich**

Honecker der positive Aufwärtstrend zunächst weiter fort. Ein wirtschaftlicher und sozialer Aufschwung sorgte für eine gewisse Identifikation der DDR-Bürger mit ihrem Staat. Allerdings führte nun Mitte der siebziger Jahre ein wirtschaftspolitisches Problem, das alle Staaten der Welt betraf, die DDR an den Abgrund. Die so genannte **„Ölkrise“**, die durch eine drastische Erhöhung der Ölpreise durch die erdölproduzierenden Staaten im Nahen Osten ausgelöst wurde, beförderte die Welt in eine ernsthafte Wirtschaftskrise. In der DDR brachte die Verteuerung des Ölpreises einen Mangel an Devisen. Eine Einschränkung des Westhandels, hohe Auslandsschulden und ein Sinken des allgemeinen Lebensstandards für die Bevölkerung waren die Folge. Zu Beginn der achtziger Jahre hatte sich die Situation so dramatisch verschlechtert, dass der Staatsbankrott drohte. In dieser Situation vermittelte der damalige bayerische Ministerpräsident Franz Josef Strauß der DDR einen Milliardenkredit der Bundesrepublik, der diese Krise jedoch lediglich übertünchte, da die DDR-Wirtschaft völlig unrentabel produzierte. Durch diesen Kredit geriet die DDR nun in eine gewisse Abhängigkeit vom Westen. Der Sturz des Systems zeichnete sich ab.

Zu den wirtschaftlichen Problemen gesellte sich zudem eine an Starrsinn nicht zu überbietende **Reformunfähigkeit** der führenden Politiker der DDR. Trotz des Unterzeichnens der Schlussakte der **KSZE-Konferenz von Helsinki** im Jahr 1975, in der unter anderem das Einhalten der Menschenrechte als wichtiges Gut festgelegt wurde, gab es in der DDR keine freie Presse, keine Opposition, ja Andersdenkende wurden sogar zwangsausgebürgert. Während fast im gesamten Ostblock die Idee eines freiheitlichen Kommunismus diskutiert wurde, verteidigte Honecker mit dem Rücken an der Wand das überholte, restaurative System des Kommunismus. Dies wird anschaulich unterstrichen durch die Zahl der Mitarbeiter des **Ministeriums für Staatssicherheit.** Im Jahr 1989 zählte es 108 000 inoffizielle und 85 000 hauptamtliche Mitarbeiter. Mit staatlichem Druck ließ sich jedoch der Freiheitswille nicht mehr bändigen.

Die Unzufriedenheit der Jugend, die **Macht der Kirche** und der **Bürgerrechtsgruppen** in Verbindung mit den Ideen Michail Gorbatschows von **„Perestroika“** und **„Glasnost“** leiteten schließlich am Vorabend der Vierzigjahrfeier der DDR den Sturz des Systems in der so genannten „Friedlichen Revolution“ von 1989/90 ein.

Schluss

Die nicht mehr für möglich gehaltene **Deutsche Wiedervereinigung** schien nun in greifbare Nähe gerückt. Nach langwierigen Verhandlungen der beiden deutschen Regierungen untereinander und mit den Alliierten Siegermächten beschloss die Volkskammer der DDR am 23. August 1990 den Beitritt der Deutschen Demokratischen Republik zur Bundesrepublik Deutschland. Am 3. Oktober 1990 trat die Wiedervereinigung der beiden deutschen Staaten in Kraft.

5 Mögliche Fragen zum Kurzreferat

Untersuchen Sie die Bedeutung des hohen Stellenwertes des Leistungssportes in der DDR!

Für das Regime
- Propaganda (Prestige, Erfolge des Sozialismus)
- Bessere Identifikation des Bürgers mit dem Staat

Für den Sportler
- Privilegien im Staat
- Fluchtmöglichkeit

Zeigen Sie den Einfluss der kommunistischen Ideologie auf die Schule!

- Grundlage: „Grundsätze für die demokratische Erneuerung der deutschen Schule“ aus dem Jahr 1945 (Politischer Auftrag des Lehrers)
- Transportieren der ideologischen Inhalte in Fächern wie Geschichte, Deutsch und Musik
- Enge Vernüpfung der FDJ mit der Schule
  - paramilitärische Rituale
  - Werben für die Nationale Volksarmee

Beschreiben Sie kurz das Verhältnis des Sozialismus zu Kunst und Literatur!

Ausgangspunkt: „Sozialistischer Realismus“
- Darstellung und Verherrlichung der realen Arbeitswelt durch Kunst und Literatur
- Bitterfelder Weg: „Greif zur Feder Kumpel!“

Neuorientierung seit Mitte der 60er-Jahre: „Sozialistische deutsche Nationalkultur“
- Besinnung auf humanistisches Erbe
- Veredelung des Humanismus durch sozialistischen Realismus

70er-Jahre: „Sozialistische Menschengemeinschaft"
- Neuinterpretation der Ziele des Sozialismus durch zunehmende ideologische Eigenständigkeit der SED
- Begriff des „Sozialistischen Menschen": geleitet von Bildung, Kultur und sozialistischer Moral

Literatur
- *Immanuel Geiss, Die deutsche Frage 1806–1990, Mannheim 1992.*
- *Hermann Weber, Geschichte der DDR, München (dtv) 1985.*

Grundkurs Geschichte – Colloquium
Jahrgangsstufe 13 – Aufgabe 6

Themenbereich: Europäische Einigung und neuere weltpolitische Konstellationen

1 Thema des Kurzreferates

Untersuchen Sie die politische Entwicklung des Verhältnisses der freien westlichen und der kommunistischen östlichen Staatenwelt von den fünfziger Jahren bis zum Zusammenbruch des Kommunismus Ende der achtziger Jahre!

2 Hinweise zur Themenerschließung

a) Erfassen der Aufgabenstellung und der Thematik
Die Aufgabenstellung verlangt eine umfassende Darstellung des Verhältnisses zwischen der westlichen Welt, angeführt von den USA, und der östlichen Welt, angeführt von der UdSSR, von den fünfziger Jahren bis zum Zusammenbruch des Kommmunismus Ende der achtziger Jahre.
In der Einleitung kann zunächst auf den Begriff „Kalter Krieg" eingegangen werden.
Der Hauptteil des Referates beschreibt vier Phasen: die Konfrontation in den fünfziger und sechziger Jahren, die Entspannungspolitik der siebziger Jahre, die erneute Konfrontation in den achtziger Jahren sowie schließlich die Initiativen Michael Gorbatschows.
Am Ende des Referates sollte kurz auf die Folgen der Reformpolitik Gorbatschows eingegangen werden.

b) Beachten besonderer Aspekte
- Kurze, themenbezogene (!) Einleitung
- Darstellen und Bewerten der genannten Thematik (Schlüsselbegriffe: „Kalter Krieg", Entspannung durch KSZE- und SALT-Verhandlungen, Afghanistan-Konflikt, „Glasnost" und „Perestroika")
- Kurze Schlusszusammenfassung bzw. Ausblick: kein umfangreiches Abhandeln wesentlich neuer Gesichtspunkte

3 Gliederung des Kurzreferates

Einleitung

„Kalter Krieg“ zwischen den Supermächten USA und UdSSR

Hauptteil

I. Konfrontation zwischen den Supermächten in den fünfziger und sechziger Jahren
- Suez-Krise
- Ungarn-Krise
- Kuba-Krise
- Krieg in Vietnam
- „Prager Frühling“

II. Phase der Entspannung in den siebziger Jahren
- Atomwaffensperrvertrag
- SALT-Verträge
- KSZE-Verhandlungen

II. Erneute Konfrontation in den achtziger Jahren
- Afghanistan
- Carter-Doktrin
- Ära Reagan

IV. Entspannung durch „Perestroika“ und „Glasnost“ unter Gorbatschow

Schluss

Aspekte der Gegenwart

4 Kurzreferat

Einleitung

Die Differenzen zwischen den Westmächten und Stalin führten nach 1945 in den so genannten **„Kalten Krieg“**. Die beiden Supermächte USA und UdSSR und ihre Verbündeten standen sich nun in zwei feindlichen politischen und militärischen Blöcken gegenüber.

Hauptteil

In der Folgezeit kam es in den fünfziger und sechziger Jahren zu einer Reihe von Konfrontationen.

Die **Suez-Krise** im Jahr 1956, bei der es um die Einflussnahme der Weltmächte auf den wichtigen Suezkanal in Ägypten ging, brachte die Welt an den Rand eines Atomkrieges. Nachdem Ägypten den Kanal verstaatlicht hatte, marschierten Großbritannien, Frankreich und Israel in die Kanalzone ein. Die UdSSR drohte daraufhin mit dem Einsatz von Atomwaffen, so dass die Invasoren das Gebiet wieder verließen. Auf diese atomare Drohung reagierten die USA mit der **Eisenhower-Doktrin,** wonach eine Aggression der UdSSR im arabischen Raum auf die bewaffnete Gegenwehr der Vereinigten Staaten stoßen würde.

Fast parallel dazu hatte die UdSSR in **Ungarn** einen Aufstand blutig niedergeschlagen. Dem Freiheitswillen der Ungarn, die freie Wahlen, die Aufhebung der Zensur und den Austritt des Landes aus dem „Warschauer Pakt" forderten, kam der Westen jedoch nicht zur Hilfe. Die beiden Supermächte standen sich zwar waffenstarrend gegenüber, aber sie waren bemüht, einen Dritten Weltkrieg zu verhindern.

Im Jahr 1962 drohte im Rahmen der **Kuba-Krise** erneut eine atomare Auseinandersetzung. Nachdem der Sozialist Fidel Castro auf Kuba die Macht übernommen hatte, begann die UdSSR auf Bitten Castros, atomare Mittelstreckenraketen auf Kuba zu stationieren. Die USA konnten diese unmittelbare atomare Bedrohung nicht hinnehmen und drohten mit einem Militäreinsatz. Im Rahmen eines Kompromisses wurde der Konflikt zwischen Kennedy und Chruschtschow gelöst.

Komplexer zeigte sich die Problematik im **Vietnamkrieg.** Die USA unterstützten zunächst lediglich durch Militärberater das vom kommunistischen Nordvietnam bedrohte Südvietnam, um nicht ganz Asien der Gefahr des Kommunismus auszusetzen. Als 1964 Südvietnam den Kommunisten zu erliegen drohte, griffen die USA offen in diesen Krieg ein. Trotz des Einsatzes modernster Waffentechnik und einer halben Million Soldaten mussten die USA den Kampf verlorengeben. 1975 eroberte der Vietcong Südvietnam und vereinte es mit dem kommunistischen Norden. Der Prestigeverlust, der kommunistischen Bedrohung nicht standgehalten zu haben, stellt bis zum heutigen Tag ein amerikanisches Trauma dar.

Die UdSSR musste im Jahr 1968 erneut eine ernsthafte Bedrohung ihres Systems von Satellitenstaaten in Mittel- und Osteuropa bekämpfen. In der **CSSR** waren ähnlich wie in Ungarn im Jahr 1956 Forderungen nach einem freiheitlicheren Sozialismus laut geworden. Dieser **„Prager Frühling"** wurde im August 1968 durch eine Invasion der Truppen des Warschauer Pakts niedergeschlagen. Dieser Einmarsch wurde mit der **Breschnew-Doktrin** gerechtfertigt, die besagte, dass die UdSSR auch mit Gewalt sozialistische Staaten disziplinieren könne, wenn der Sozialismus in einem Staat bedroht war.

Angesichts dieser zahlreichen Krisen, die mehrmals die Gefahr einer atomaren Auseinandersetzung gebracht hatten, setzte ein Umdenkprozess ein. Das Ziel musste unter allen Umständen sein, einen Atomkrieg zu verhindern. Die Supermächte betraten daher einen Weg des Dialogs, um Krisensituationen zu meistern. Gleichzeitig hatte man erkannt, dass eine **Abrüstung** nicht nur den Frieden sicherer macht, sondern auch die großen Kosten für die Militäretats verringern würde. In der Folge kam es in diesem Sinne zu einer Reihe von vertraglichen Vereinbarungen: zum Atomwaffensperrvertrag, zu den SALT-Verträgen, zum Vertrag über die „Verhinderung eines Atomkrieges" sowie zu Beratungen über einen Truppenabbau in Mitteleuropa. Parallel dazu liefen die Verhandlungen der „Konferenz über Sicherheit und Zusammenarbeit in Europa" (KSZE), die eine weitere Entspannung zwischen den beiden Blöcken brachte.

Ende der siebziger Jahre setzte eine neue Phase der Konfrontation ein. Die USA fürchteten den Verlust ihrer Führungsrolle in der Welt, die UdSSR versuchte dem Kommunismus in Südamerika wie etwa in San Salvador oder in Nicaragua zum Vormarsch zu verhelfen. Die Invasion von Sowjettruppen in Afghanistan führte eine weitere Eskalation herbei. Der Westen verhängte daraufhin ein Wirtschaftsembargo gegen die UdSSR, die Olympischen Spiele in Moskau wurden boykottiert. Die **Carter-Doktrin** erklärte, dass ein Angriff der UdSSR auf die persischen Ölstaaten zum Krieg mit den USA führen würde. Mit dem Amtsantritt von Ronald Reagan als Präsident der Vereinigten Staaten folgte dann ein Rückfall in den „Kalten Krieg". Die UdSSR wurde nun auch propagandistisch zum Reich des Bösen stilisiert. Zahlreiche Hollywoodproduktionen wie „Rocky" oder „Rambo" begleiteten diese Haltung. Zur neuen amerikanischen Politik der Stärke gesellte sich eine enorme Aufrüstung, die ihren Höhepunkt in dem geplanten neuen, im Weltraum stationierten Verteidigungssystem SDI (Strategic Defense Initiative) und in der Stationierung von Pershing II-Raketen in Mitteleuropa erreichte.

Mitte der achtziger Jahre war es dann die Sowjetunion, die Impulse aussandte, um diesen Teufelskreis zu beenden. Der neue Generalsekretär der KP, Michail Gorbatschow, hatte es sich zum Ziel gesetzt, die UdSSR zu reformieren. Mit den Schlagworten **„Perestroika“ (Umbau)** und **„Glasnost“ (Offenheit)** setzte er sich für eine demokratische Modernisierung von Gesellschaft, Wirtschaft und Politik ein. Dem Sozialismus sollte durch marktwirtschaftliche Reformen neues Leben eingehaucht werden. Um seine innenpolitischen Ziele durchsetzen zu können, musste eine Verständigung mit den USA erreicht werden. Zum Zeichen seines guten Willens beendete er den Afghanistanfeldzug und hob die Verbannung des Regimekritikers Sacharow auf. In den folgenden Jahren wurden zahlreiche Abrüstungsverträge unterzeichnet, wie etwa der INF-Vertrag, der die Vernichtung aller, d. h. amerikanischer und sowjetischer, Mittelstreckenraketen in Europa bis zum Jahr 1991 vorsah.

Schluss

Mit seiner Politik hatte Gorbatschow einen Prozess in Gang gesetzt, der die politische Ordnung nach 1945 revolutionierte. Stück für Stück zerbrach der kommunistische Ostblock. Die ehemaligen Satellitenstaaten fielen von Moskau ab und errichteten freiheitliche Demokratien. Schließlich stürzte auch die kommunistische Herrschaft in der UdSSR. Die ehemaligen Ostblockstaaten klopfen heute an die Tür der EU. Es gibt Pläne, die NATO nach Osteuropa zu erweitern. Die Konfrontation der beiden Machtblöcke gehört der Vergangenheit an.

5 Mögliche Fragen zum Kurzreferat

Beschreiben Sie die Anfänge der europäischen Einigungspolitik nach dem Zweiten Weltkrieg!

- Anfänge nach dem Zweiten Weltkrieg
- Wirtschaftlich: OEEC (Verteilen der Marshallplanhilfen)
- Militärisch: Brüsseler Vertrag von 1948
- Politisch: Europarat
- Weitere Entwicklung in den 50er- und 60er-Jahren
  - Schumann-Plan 1950 (gemeinsamer Markt für Kohle und Stahl; seit 1951 Montanunion)
  - Europa der Sechs: Frankreich, Deutschland, Italien, Benelux-Länder

- Plan einer Europäischen Verteidigungsgemeinschaft (später zu Gunsten der NATO aufgegeben)
- „Römische Verträge“ 1957: EWG und EURATOM
- 1967 Zusammenschluss zur EG (Europäische Gemeinschaft)

Erläutern Sie die Bedeutung des 1992 unterzeichneten Vertrages von Maastricht!

- Bestimmungen (drei Bereiche)
  - Europäische Gemeinschaften (Zollunion, Binnenmarkt, Währungsunion)
  - Außen- und Sicherheitspolitik
  - Innen- und Rechtspolitik
- Ziel: die Europäische Union
- Problematik
  - Sorge um nationalen Identitätsverlust
  - Wirtschaftliches Gefälle zwischen Nord und Süd
  - Sorge wegen möglicher Zunahme des organisierten Verbrechens
  - Aufnahme ehemaliger Ostblockstaaten

Skizzieren Sie kurz die Entstehung des sogenannten „Nord-Süd-Konflikts"!

Definition Nord-Süd-Konflikt
- Gegensatz zwischen den westlichen demokratischen Industrieländern (Erste Welt) sowie den kommunistischen Ländern des ehemaligen Ostblocks (Zweite Welt) und den sogenannten Entwicklungsländern (Dritte Welt)
- zentrale Thematik der Politik der Gegenwart vor allem aufgrund der wirtschaftlichen Diskrepanzen

Entstehung
- Kolonialismus des 16.–18. Jahrhunderts in Nord- und Südamerika sowie in weiten Teilen Asiens
- Zeitalter des europäischen Imperialismus zwischen 1890 und 1914 (Aufteilung Afrikas)

Folgen
- Langer Dekolonisationsprozess von der amerikanischen Unabhängigkeitserklärung im Jahr 1776 bis zum Ende der „Apartheid“ in Südafrika in der unmittelbaren Gegenwart

- Furcht der sogenannten Entwicklungsländer vor einer Beeinflussung durch die UdSSR oder die USA im „Kalten Krieg“ führt zur Blockfreien-Bewegung der Staaten der „Dritten Welt“ seit der Konferenz von Bandung 1955
- Verantwortung der Industriestaaten zur Lösung der sich aus dem kolonialen Erbe ergebenden politischen, wirtschaftlichen und gesellschaftlichen Probleme der Staaten der „Dritten Welt“

Literatur

- *Bundeszentrale für politische Bildung (Hg.), Internationale Beziehungen I: Der Ost-West-Konflikt, Heft 245, Bonn 1994.*

Fragen zu den weiteren Kurshalbjahren

Jahrgangsstufe 12

Themenbereich: Bayern auf dem Weg zum modernen Staat

(1) *Beschreiben Sie die territorialen und dynastischen Veränderungen Bayerns in der napoleonischen Ära!*

Für die Verluste der linksrheinischen Gebiete in den Friedensschlüssen von Basel, Campoformio und Lunéville an die Franzosen wurden die süddeutschen Mittelstaaten – so auch Bayern – durch die Erwerbungen aus der **Säkularisation** (territoriale Übernahme selbständiger kirchlicher Herrschaften) und **Mediatisierung** (Ende der Reichsunmittelbarkeit weltlicher Herrschaften) entschädigt (Hochstifte, 13 Reichsabteien, 15 Reichsstädte). Dies war 1803 im **Reichsdeputationshauptschluss** festgelegt worden. Die Veränderungen betrafen hauptsächlich die Gebiete Franken und Schwaben. Dadurch war ein weitgehend geschlossenes Staatsgebiet für Bayern entstanden, das damit zum drittgrößten im Reich wurde.
Aufgrund der Loyalität Bayerns gegenüber Frankreich in den Koalitionskriegen wurden nicht nur kurzzeitig die österreichischen Gebiete Tirol und Salzburg bayerisch, sondern Bayern erhielt auch die volle Souveränität und wurde 1806 von Napoleon zum Königreich und Kurfürst Max IV. Joseph zu **Max I. Joseph, König in Bayern** erhoben. Aus den selbständig gewordenen süddeutschen Mittelstaaten entstand in der Folgezeit der **Rheinbund**. Damit, sowie mit der Niederlegung der Kaiserkrone des Habsburgers Franz II., endete das Heilige Römische Reich Deutscher Nation nach über 1000 Jahren.

(2) *Fassen Sie die Prinzipien und Maßnahmen des bayerischen Ministers Montgelas zusammen, nach denen er den neu entstandenen Flächenstaat Bayern zu einem modernen Staat formte!*

Um die neu gewonnenen Gebiete zu einer staatlichen Einheit zusammenzufügen, nahm sich Montgelas das **zentralistische Frankreich zum Vorbild.** Die Ideen der Französischen Revolution spiegelten sich wider im Willen, das ständische Prinzip zu überwinden. Insgesamt war er jedoch ein Politiker im Geiste des **aufgeklärten Absolutismus** und folgte den Prinzipien des Staatsabsolutismus und der Staatsraison.

So war eine **Verwaltungsreform** die Grundlage seines zentralistischen Systems. An die Stelle der Berater der ehemaligen Kurfürsten trat ein Gesamtministerium mit den Fachressorts Justiz, Krieg, Inneres, Äußeres, Finanzen (Montgelas übernahm dabei selbst die letzten drei). Die Minister wurden nach Fachkompetenz und nicht nach Herkunft bzw. Stand ausgewählt. Ein **leistungsbezogenes Beamtentum** entstand. Das neue Territorium teilte man in gleich große **Kreise** (Vorläufer der heutigen Regierungsbezirke) mit den Unterbehörden **Landgerichte und Gemeinden** ein. Die anfänglich abgeschaffte **kommunale Selbstverwaltung** musste aufgrund von Verwaltungsschwierigkeiten nach 1818 teilweise wieder zurückgegeben werden.
Die **Bildungsreform** nach der Säkularisation umschloss ein modernes Schulwesen, eine normierte Lehrerausbildung, Schulpflicht für Kinder vom 6. bis zum 12. Lebensjahr und zentral gestellte Examens- und Abituraufgaben. Die konfessionell unterschiedlichen Landesteile wurden durch das **Toleranzedikt** von 1803 rechtlich gleichgestellt.
Eine Reihe von **wirtschaftspolitischen Maßnahmen** sollte unterschiedliche Wirtschaftsräume zusammenführen. Dazu gehörte die Vereinheitlichung von Währung, Maßen und Gewichten sowie die Abschaffung der Binnenzölle.
Weitere Maßnahmen trieben den Staatsbildungsprozess voran: z. B. die allgemeine Wehrpflicht, die Übernahme der Post in Landesbesitz, der Aufbau einer bayerischen Staatsbank und vor allem 1808 eine gemeinsame Verfassung: eine **Konstitution,** die durch die Trennung von Staat und Dynastie die Rahmenbedingungen für eine konstitutionelle Monarchie und die bürgerlichen Grundrechte festschrieb.
Damit war in einer **„Revolution von oben"** der Grundstock des modernen Bayerns gelegt worden. Weit schwieriger war es, eine gesamtbayerische Identität zu schaffen, was erst in den darauf folgenden Jahrzehnten die Aufgabe der bayerischen Könige wurde.

(3) Mit der bayerischen Konstitution von 1818 war eine der ersten Verfassungen im Deutschen Bund entstanden. Inwiefern genügte sie jedoch nicht unseren heutigen demokratischen Vorstellungen von einer Verfassung?

Zum einen war die **Gewaltenteilung unvollständig,** da Exekutive und Legislative beim König lagen. Zum anderen hatte der **Adel** in den Kammern eine **Sonderstellungen** inne: Die Mitglieder der 1. Kammer der Reichsräte waren fast ausschließlich Adlige; sie wurden vom König auf Lebenszeit ernannt (also ohne Wahl) und der Sitz war erblich. In der

2. Kammer wurde ein Viertel der Sitze durch Adel und Geistlichkeit besetzt. Die zwei Kammern bildeten daher kein Parlament einer demokratisch gewählten Repräsentativverfassung. Die Vorstellung einer „landständischen" Verfassung spiegelte sich hier wider und das monarchische Prinzip wurde dabei nicht in Frage gestellt.
Das **Zensuswahlrecht** entsprach ganz der Vorstellung der damaligen Liberalen und schloss ein beschränktes aktives Wahlrecht mit ein, was den heutigen demokratischen Vorstellungen widerspricht. Die Grundrechte wurden zwar in der Präambel benannt, die **Pressefreiheit** war jedoch auch weiterhin de facto **eingeschränkt.**

Themenbereich: Die Reichsgründung und ihre europäische Bedeutung – Das Kaiserreich

(1) Erläutern Sie die Ursachen, die in Deutschland eine Nationalbewegung entstehen ließen!

Der Wandel von der Agrar- zur Industriegesellschaft führte zum Ende der Feudalstruktur. Der sich entwickelnde zentralistische Flächenstaat forderte neue politische Formen, die sich im **Konstitutionalismus** ausdrückten und politisch in dem Wunsch nach einer parlamentarischen Vertretung des ganzen Reiches. **Vorbild** war dabei **Frankreich,** zum einen als Zentralstaat und zum anderen durch die Ideen der Revolution.
Die **italienische Einigung** 1859 bildete den Anlass eines Wiederauflebens der nationalen Begeisterung in Deutschland.
Die **politische Zersplitterung** und die **wirtschaftlichen Hemmnisse** durch die Landesgrenzen waren die hauptsächliche Triebfeder der Liberalen. 1859 entstand in Frankfurt der **Deutsche Nationalverein,** der eine kleindeutsche Lösung unter der Führung Preußens begrüßte.
Das Besitz- und Bildungsbürgertum identifizierte sich zunehmend mit aufklärerischen Ideen (Grundrechte, Rechts- und Verfassungsstaat) und artikulierte zuerst im literarischen und kulturellen Bereich den Einheitsgedanken: so entstand die Idee einer Territorialgrenzen überschreitenden **Kulturnation** (Goethe, Schiller, Fichte).
Ein **territoriales Nationalbewusstsein** entstand erst in den Revolutionskriegen gegen Napoleons Expansionsstreben (vgl. Fichte: Reden an die deutsche Nation).
Diese Nationalbewegung mündete in die Revolution von 1848, in der die Erwartungen der Liberalen enttäuscht wurden.

(2) *Erläutern Sie die Bedeutung des deutsch-französischen Krieges von 1870/71 für die Nationalstaatsgründung sowie für die deutsche Geschichte des 20. Jahrhunderts!*

Der außenpolitische Feind stärkte nach 1848 die erneut wachsende **Nationalbegeisterung** und schuf die Grundlage für die Bereitschaft der süddeutschen Staaten, sich dem Norddeutschen Bund anzuschließen. Nicht über einen Verfassungspatriotismus, sondern über eine gemeinsame militärische Front entstand eine deutsche Einheit. Hilfreich war es daher gewesen, Frankreich in der **Emser Depesche** als Aggressor zu stilisieren.
Die **Annexion Elsass-Lothringens** und die **Kaiserproklamation in Versailles** waren diplomatisch als Demütigung des „Erzfeinds" Frankreich eine Hypothek für weitere Konflikte.

(3) *In welcher schwierigen innenpolitischen Situation Preußens wird Bismarck preußischer Ministerpräsident und welche politische Haltung spiegelt sich in seiner Lösung wider?*

Die schwierige Situation war durch die **Heeresreform** entstanden: Die Vergrößerung des Heeres, die Verlängerung der Dienstzeit und die Reduzierung der Landwehr waren vom preußischen Parlament über die Budgetverweigerung dem König gegenüber abgelehnt worden. Dadurch entstand 1862 ein unlösbar scheinender **Verfassungskonflikt**. Wilhelm I. drohte mit seiner Abdankung und der Kronprinz lehnte die Nachfolge ab. Der Konflikt mit dem Parlament weitete sich damit zur preußischen Staatskrise aus.
In dieser Situation wurde Bismarck als Ministerpräsident berufen. Er erzwang die Gelder für die Heeresreform mit seiner sog. **Lückentheorie**: für einen solchen Konflikt zwischen König und Parlament sei in der Verfassung keine Vorgehensweise festgelegt, also habe der Monarch das Notrecht der letztendlichen Entscheidung.
Bismarck zeigte sich hier als konservativ-monarchischer „Lehensvasall" des Königs. Die Regierung arbeitete folglich ohne gesetzlichen Haushalt und Bismarck setzte sich über das Parlament sowie Mehrheitsbeschlüsse verfassungswidrig hinweg (vgl. auch: Landtagsaufhebung 1863, Schikanen gegen Liberale).
Bismarcks **„Blut und Eisen"-Rede** 1862 verdeutlicht nach seinem Amtsantritt diese antiparlamentarische Haltung.

(4) *Charakterisieren Sie Bismarcks grundsätzliches Verhältnis zu Parlament und Parteien!*

Seine **antiparlamentarische Grundeinstellung** machte Bismarck in der Anwendung seiner Lückentheorie sowie der „Blut und Eisen"-Rede 1862 von Anfang an deutlich.
Der Umgang mit dem Parlament zeigte sich in Mehrheitsbildungen, die durch die **Polarisierung der Parteien** im Reichstag und die **Ausschaltung missliebiger Parteien** durch die Stilisierung zum so genannten „Reichsfeind" (z. B. Sozialisten, Zentrum) entstanden. Sein Ziel war in erster Linie die Erhaltung und Festigung des **Obrigkeitsstaates.** Er lehnte grundsätzlich die Einflussnahme der Parteien auf die Regierungsbildung ab, Parteien waren für ihn lediglich **„Verbündete auf Zeit"**. Wechselnde Sympathien zu den Parteien zeigte er je nach Sachlage. Beispiel für diese Tendenz- und Schaukelpolitik war die Annäherung an die Liberalen im Kulturkampf, deren demokratische Positionen er zwar nicht vertrat, aber deren kulturliberale Einstellung er gegen die Zentrumspartei zu nutzen verstand.

(5) *Begründen Sie, warum man bei der Nationalstaatsgründung von 1870/71 von einem deutschen „Sonderweg" sprechen kann!*

Die Gründung des Deutschen Reiches als Nationalstaat war nicht aus einer Revolution gegen die alten Mächte und Eliten entstanden wie z. B. in Frankreich nach der Revolution 1789 oder wie es vergeblich in der Revolution 1848 in Deutschland versucht worden war. Das Scheitern von 1848 hatte im Gegenteil zu einem **geschwächten Parlamentarismus** geführt und das Nationalgefühl war erst durch die Abwehr eines äußeren Feindes (deutsch-französischer Krieg) erwacht.
Die Kaiserproklamation in Versailles ist daher zum einen ein Akt des Sieges über den äußeren Feind, zum anderen ist sie ein Sieg der alten Eliten über die demokratisch-liberalen Ideen und ein Sieg der preußischen Vorherrschaft und damit der kleindeutschen Lösung.

(6) *Warum kann man von einer Reichsgründung unter „preußischer Vorherrschaft" sprechen? Zeigen Sie auch, wie sich diese „Vorherrschaft" in der Reichsverfassung von 1871 widerspiegelt!*

Die nationalen Einigungsbestrebungen für eine **kleindeutsche Lösung** gingen von Preußen aus.
Aufgrund der Einigungskriege (v. a. deutsch-österreichischer Krieg 1866) war Preußen zum **größten Bundesstaat** geworden und stellte zugleich das **größte Heer.**

Mit der Reichsverfassung kam zu der territorialen Vorherrschaft zusätzlich die politische Vorherrschaft: Der **Deutsche Kaiser** war zugleich preußischer König und Oberbefehlshaber über die deutschen Truppen. Durch diese Sonderstellung hatte er weitgehende Kontrolle über alle politischen Organe.
Der **Reichskanzler** war zugleich preußischer Ministerpräsident und hatte den Vorsitz im Bundesrat inne.
Im **Bundesrat** hatte Preußen mit 17 Sitzen den größten Stimmenanteil, der über dem Vetoanteil von 14 Stimmen lag. Damit besaß Preußen die Sperrminorität in allen Fragen, die das Reich, die Finanzen oder das Militär betrafen.
Auch im **Reichstag** war Preußen anteilig am stärksten vertreten. Durch das in Preußen geltende Zensuswahlrecht wurde der Einfluss konservativer Kreise im Reichstag begünstigt.

(7) *Fassen Sie die Motive Bismarcks im Kulturkampf zusammen!*

Der Begriff „Kulturkampf" stammt von dem Liberalen Virchow, der damit den Kampf für die liberale Kultur gegen die geistige Bevormundung der Kirche bezeichnete. Grundlage dafür bot das Wiedererstarken der Kirche nach der Säkularisation, das durch die **Enzyklika „Syllabus errorum"** von 1864 untermauert wurde. Darin wandte sich der Papst gegen die gesellschaftlichen Irrtümer bzw. den europäischen Liberalismus. Das **Dogma der Unfehlbarkeit** des Papstes 1870 in Glaubens- und Sittenfragen unterstützte diese Position der Kirche.
Der protestantische Bismarck sah in der Gründung einer katholischen Partei 1871, dem **Zentrum,** erste Auswirkungen einer solchen „ultramontanen" Politik des Papstes.
Da der **Nord-Südkonflikt** im Reich gleichzeitig auch ein konfessioneller war und der katholische Süden stärker seine föderalen Rechte im Auge hatte, fand Bismarck im Zentrum seinen **„Reichsfeind"**, der sich zur **Polarisierung des Reichstages** bestens eignete.
Im Kampf gegen das Zentrum konnte Bismarck die Liberalen, die die Errungenschaften der modernen Gesellschaft und Kultur durch den politischen Katholizismus bedroht sahen, für sich gewinnen.
Kanzelparagraph, Schulaufsicht, Jesuitenverbot, Brotkorbgesetz und die Einführung der Zivilehe sind Beispiele der **„Kampfgesetze",** die insgesamt nachhaltig Kirche und Staat trennen sollten.

(8) *Wie sind im Rückblick die Sozialistengesetze und die Sozialgesetzgebung Bismarcks zu bewerten?*

Die „Gesetze gegen die gemeingefährlichen Bestrebungen der Sozialdemokratie“ (1878), die die Sozialdemokraten nach den Katholiken zum zweiten **„Reichsfeind“** brandmarkten, führten nicht zu einer anhaltenden Unterdrückung sozialistischer Bestrebungen in Deutschland. Die **„Sozialistengesetze“** hatten sogar eine **kontraproduktive Wirkung:** steigende Solidarität unter den Sozialisten und Wahlerfolge (Verdreifachung) der noch immer zugelassenen Abgeordneten. Die wachsende **Kluft zwischen Arbeiter und Staat** konnte bis zum Ersten Weltkrieg nicht mehr überwunden werden.
Zugleich war mit der **Sozialgesetzgebung** Bismarcks (Krankenversicherungsgesetz 1883, Unfallversicherungsgesetz 1884, Invaliditäts- und Altersversicherungsgesetz 1889) ein Rechtsanspruch auf soziale Leistungen für den Arbeiter entstanden. Diese Einrichtungen waren in Europa **modern** und lange Zeit richtungsweisend für den modernen Sozialstaat. Die Regierung Bismarcks hatte mit diesen Maßnahmen erstmals aktiv in das gesellschaftliche und soziale Leben eingegriffen.
Trotzdem waren für die Arbeiter im 19. Jahrhundert diese Einrichtungen insgesamt unzureichend, da die Unternehmer in ihren Betrieben weitgehend autonom blieben und Fragen nach Arbeitszeit und Arbeitsschutz unberücksichtigt geblieben waren.

(9) *Erklären Sie die verschiedenen Bestrebungen zur Lösung der sozialen Frage im 19. Jahrhundert!*

Aus Gründen der Nächstenliebe setzten sich die katholische und die evangelische **Kirche** für die Lösung der sozialen Frage ein. Ziel war dabei die **Rechristianisierung** der Gesellschaft, da der fehlende Glaube als Ursache für die Missstände und die daraus resultierende Not angesehen wurde. Auf katholischer Seite engagierten sich vor allem Adolf Kolping und Bischof Ketteler. Sie schufen die Grundlagen für die katholische Soziallehre, die dann später ihren Ausdruck in der Sozialenzyklika **„Rerum Novarum“** (1891) fand. Auf evangelischer Seite boten Hinrich Wichern, der Begründer der Inneren Mission, und Gustav von Bodelschwingh (Begründer der Anstalten von Bethel) Lösungswege. Die christlichen Gewerkschaften entstanden so neben den sozialistischen.
Aber auch die **Unternehmer** selbst schufen Lösungsansätze, indem sie werkseigene Krankenkassen, Rentenkassen, Kindergärten, Wohnungen, Bildungseinrichtungen und kostengünstige Konsumgenossenschaften für

ihre Arbeiter und Angestellten anboten. Diese patriarchalische Fürsorge (z. B. bei Krupp und Wilhelm Harkort) hatte zum Ziel, die Arbeiter an das Unternehmen zu binden und sie damit zugleich von sozialistischen Bestrebungen abzuhalten.
Die Arbeiter selbst konnten sich seit der Koalitionsfreiheit 1868 auch zur Selbsthilfe und Vertretung der eigenen Interessen in Gewerkschaften organisieren. Die Arbeiterbewegung ging Hand in Hand mit der Entwicklung der Arbeiterparteien und dem sozialistischen Gedankengut, das von Marx und Engels im 19. Jahrhundert geprägt worden war.

(10) Skizzieren Sie den Werdegang der deutschen Sozialdemokratie im 19. Jahrhundert!

Aus den regionalen Arbeitervereinen heraus gründete Ferdinand Lassalle 1863 den ersten zentralen Verein: den **Allgemeinen Deutschen Arbeiterverein** (ADAV), der dem „ehernen Lohngesetz" den Kampf ansagte. Wilhelm Liebknecht und August Bebel gründeten 1869 in Eisenach die **Sozialdemokratische Arbeiterpartei** (SDAP). Um ihre politische Kraft zu bündeln, vereinigten sich beide Gruppierungen nach der Reichsgründung auf dem Kongress in **Gotha** 1875 zur **Sozialistischen Arbeiterpartei Deutschlands** (SAD), aus der 1890 nach der Aufhebung der Sozialistengesetze die **Sozialdemokratische Arbeiterpartei** (SPD) gestärkt hervorging. Im **Erfurter Programm** bekannte sich die Partei 1891 zwar zum Marxismus, aber auf einem reformistischen Weg, und erteilte damit der revolutionären Umgestaltung eine Absage.

(11) Welche Prinzipien verfolgt Bismarck mit seiner Bündnispolitik und welche Schwächen sind dabei aufzuzeigen?

Ziel Bismarcks waren die **Aufrechterhaltung des Status-quo** im Kräftespiel der europäischen Mächte und eine **Sicherungspolitik** (vgl. sein Auftreten als „ehrlicher Makler" am Berlin Kongress 1878), die im Gegensatz zu einem allgemein in Europa befürchteten Hegemoniestreben des neu gegründeten Deutschen Reiches stand. Grundlegend war der **defensive Charakter** seines Bündnissystems, das einen Krieg in Mitteleuropa verhindern, die Krisen an die Peripherie Europas verschieben und **Frankreich isolieren** sollte. Diese Grundlinien seines außenpolitischen Konzepts legte er 1877 im **Kissinger Diktat** nieder.

Das **Drei-Kaiser-Abkommen** (1873) sowie der **Drei-Kaiser-Vertrag** (1881) standen ganz im Sinne der Tradition (vgl. Heilige Allianz), die konservativen Kräfte Europas in einem Defensivbündnis zu vereinen und die Führungsrolle der alten Eliten zu sichern.
Schwächen hatte das System da, wo Widersprüche durch gegenläufige Bündnisse auftraten: so stand die **Mittelmeerentente** zwischen Österreich-Ungarn, Italien und England, die Bismarck als Sicherung auf dem Balkan unterstützte, im Gegensatz zum geheimen Zusatzabkommen des **Rückversicherungsvertrages** (1887), in dem Russland expansives Streben zugebilligt wurde. Zudem war der Rückversicherungsvertrag ein kurzfristiges Bündnis (auf drei Jahre), das keine dauerhafte Lösung bedeutete (Wilhelm II. erneuerte/verlängerte den Vertrag 1890 nicht!).
Ebenfalls unklar war die **Haltung Englands**, das sich in kein Bündnis mit Deutschland einließ.
Spannungsreich blieb das Verhältnis Österreichs zu Italien in Bezug auf die Gebiete Tirol und Triest.

(12) Beurteilen Sie, in welcher außenpolitischen Lage sich das Deutsche Reich 1914 befand!

Das Reich hatte nach der Entlassung Bismarcks weder eine Annäherung an England (Flottenpolitik) noch ein stabiles Verhältnis zu Russland erreicht (Nichtverlängerung des Rückversicherungsvertrages und Entente Englands mit Russland 1907), sowie die Isolation Frankreichs nicht halten können (französisch-russisches Bündnis 1894 und Entente Englands mit Frankreich 1904). Auch die **undiplomatische Kolonialpolitik** („Panthersprung nach Agadir" 1911) und das Engagement in der Türkei (Bau der Bagdad-Bahn seit 1902) hatten eine **isolierte Stellung Deutschlands in Europa** zur Folge. Zudem belastete der Interessenkonflikt am Balkan bzw. der panslawistische Radikalismus das Bündnis mit Österreich-Ungarn.

(13) Unter welchen Aspekten kann man das Jahr 1917 als Epochenjahr bezeichnen?

In **Russland** führten die Entwicklungen der Februar- und Oktoberrevolution zur Abdankung des Zaren und damit zu einem schnellen Kriegsende und zu harten Friedensbedingungen für Russland (vgl. Friede von Brest-Litowsk 1918).

Aufgrund der Wiederaufnahme des uneingeschränkten U-Boot-Kriegs durch die Deutschen und der Behinderung der amerikanischen Handelsinteressen griff die **USA** in den Krieg ein und weitete das Kriegsgeschehen damit zu einem **Weltkrieg** aus. Durch die Teilnahme der USA wurden die außenpolitischen Bedingungen geschaffen, die durch die 14 Punkte Wilsons (1918) das politische System Deutschlands verändern sollten (Ende der Monarchien).

(14) Erklären Sie, warum sich Deutschland zu Beginn des Ersten Weltkrieges in einer Zweifronten-Situation zwischen Russland und Frankreich befand!

Wilhelm II. fühlte sich durch die russische Mobilmachung bedroht. Gleichzeitig hielt man an dem bereits 1905 aufgestellten **Schlieffenplan** fest. Er sah vor, zuerst Frankreich mit einem Marsch durch das neutrale Belgien in einem frühzeitigen Überraschungsangriff schnell zu schlagen (Vernichtungsstrategie), um dann die gesamte militärische Kapazität nach Osten zu wenden. Hinzu kam das Drängen der Generalität (vgl. Militarismus im Kaiserreich) nach einem schnellen Handeln. So wurde am 1. August Russland und am 3. August Frankreich der Krieg erklärt. Deutschland zeigte sich damit der Weltöffentlichkeit als **Aggressor** und forderte den Kriegseintritt Englands heraus.

Themenbereich: Die Neuordnung Europas und die Weimarer Republik

(1) Erklären Sie den Zusammenhang zwischen den Revolutionen in Russland und dem Frieden von Brest-Litowsk sowie dessen Folgen!

Die bürgerlich-liberale Revolution zwang im März 1917 (**Februarrevolution** nach dem russischen Kalender) den Zaren Nicolaus II. zur Abdankung. Die innenpolitischen Unruhen führten zu Schwächung und Auflösungserscheinungen an der russischen Front. Estland, Lettland, Finnland und die Ukraine erklärten sich unabhängig. Der aus dem Schweizer Exil (mit Hilfe der deutschen Obersten Heeresleitung) zurückgekehrte Lenin mobilisierte die völlig verarmte bäuerliche Bevölkerung mit der Parole „Frieden um jeden Preis“ zur **Oktoberrevolution** in Petersburg und Moskau. Obwohl die Bolschewiki (so nannten sich die Mitglieder der Kommunistischen Partei Russlands) in der Nationalversammlung im Spätherbst 1917 nicht die Mehrheit erlangen konnten, übernahmen sie gewaltsam die Macht. Die Revolutionäre boten allen Staaten einen **Frieden ohne Annexionen** an. Sie

brachen mit den bisherigen Verbündeten und traten noch im Dezember 1917 in Friedensverhandlungen mit den Deutschen, obwohl die OHL – aus der Überzeugung eines „Siegfriedens“ – extrem harte Bedingungen stellte. Der Friede von Brest-Litowsk bedeutete für Russland nicht nur **große Gebietsabtretungen,** sondern auch starke wirtschaftliche Einbußen, z. B. 75 Prozent der Montanindustrie. Russland hatte damit einen **Diktatfrieden** angenommen, auch in der Hoffnung, dass die Revolution auf die deutschen Soldaten überspringen werde.
Folgen dieses Gewaltfriedens waren zum einen die später unerbittliche Haltung der Westmächte gegenüber Deutschland in Versailles und der Verlust politischer Glaubwürdigkeit im Osten.

(2) *Fassen Sie die wichtigsten Bestimmungen der 14 Punkte Wilsons zusammen und erklären Sie, inwieweit deren Verwirklichung 1918 im Vertrag von Versailles auf Schwierigkeiten stieß!*

In den Bestimmungen bemühte sich der amerikanische Präsident Woodrow Wilson eine **Grundlage für Friedensverhandlungen** zu schaffen.
Wesentliche Punkte betrafen die Freiheit des Handels und der Meere, das Selbstbestimmungsrecht der Völker, die Schaffung einer Friedensordnung vor allem durch die Unabhängigkeit Belgiens und Polens mit Zugang zum Meer und die Rückgabe von Elsass-Lothringen an Frankreich. Zur Sicherung des Weltfriedens sollte ein Völkerbund errichtet werden.
Schwierigkeiten bahnten sich dadurch an, dass die **Gebietsabtretungen** nicht nach dem Selbstbestimmungsrecht der Völker durchgeführt wurden. Frankreich war an einer Versöhnung mit Deutschland als Grundlage für einen Frieden nicht interessiert, sondern verfolgte in seinen Bestimmungen den **Revanchegedanken**. Auch die Freiheit des Handels war durch wirtschaftliche Beschränkungen wie **Reparationen** und Wirtschaftsdemontage auf lange Sicht gefährdet (vgl. Weltwirtschaftskrise). Letztendlich trug auch der **Kriegsschuldparagraph**, der Deutschland als Alleinschuldigen brandmarkte und es lange Zeit vom Völkerbund ausschloss, nicht zu einer dauerhaften Friedensbasis bei.

(3) *Diskutieren Sie kritisch, ob man die Ereignisse vom November 1918 in Deutschland zurecht als „Revolution“ bezeichnen kann!*

Von einer Revolution kann dann gesprochen werden, wenn durch einen gewaltsamen Umsturz grundlegende Veränderungen der politischen und gesellschaftlichen Verhältnisse erreicht werden.

Bei den Ereignissen im November 1918 in Deutschland spricht *gegen* eine Revolution, dass eine wesentliche Motivation für die Demokratisierung unter **außenpolitischem Druck** durch die 14 Punkte Wilson zustande kam. Zudem war es zu einer **quasi-legalen Machtübergabe** von Max von Baden an Friedrich Ebert gekommen. Auch die Verbindung, die die neuen Machthaber mit den alten Eliten (Freikorps) zur Niederschlagung revolutionärer Aktionen im **Ebert-Groener-Pakt** vollzogen, spricht gegen einen revolutionären Umsturz. Hinzu kommt, dass in der neuen Republik ein Austausch der alten **Eliten** nicht stattfand (v. a. in der Justiz, die rechte Straftaten milder behandelte als Anschläge von links, sowie in der Reichswehr).
Für die Berechtigung des Begriffs „Revolution" sprechen der **Kieler Matrosenaufstand** sowie die **Bildung von Arbeiter- und Soldatenräten.** Auch wurde die **Abdankung des Kaisers** von Massendemonstrationen in Berlin begleitet. Ebenso kann die doppelte **„Ausrufung der Republik"** am 9. 11. 1918 als revolutionärer Akt gewertet werden. Die Bildung des **Rats der Volksbeauftragten** muss in diesem Zusammenhang als „Revolutionsregierung" gesehen werden.

(4) Erklären Sie, warum der Versailler Vertrag von vielen Deutschen als Demütigung empfunden wurde!

Zum einen erklärte der **Kriegsschuldparagraph** im Versailler Vertrag das Deutsche Reich zum Alleinschuldigen, zum anderen wurden gegenüber Deutschland die 14 Punkte Wilsons vor allem in Bezug auf die territorialen Abtretungen nicht eingehalten. Auch der Ausschluss von den Friedensverhandlungen wie später auch vom Völkerbund verhinderte, dass Deutschland in das Konzert der Großmächte zurückkehren konnte (vgl. auch Frage 2).
Auch der **Vertragsort** selbst war bewusst von den Westmächten gewählt worden: In Versailles war das Deutsche Reich einst gegründet worden. Das Reich sollte dort demontiert werden, wo es entstanden war.
Demütigend waren außerdem die **harten Bestimmungen** wie der Verlust von Industriezentren (Rhein- und Saarland), die Reparationszahlung ohne Festsetzung der Höhe und der massive Heeres- und Flottenabbau.

(5) *Skizzieren Sie die wichtigsten Stationen der deutschen Außenpolitik von 1922 bis 1929 und erläutern Sie dabei die Zielsetzung der Außenpolitik Stresemanns!*

Die Ausgangssituation war ein international geächtetes und außenpolitisch isoliertes Deutschland. Stresemanns Ziel war es daher, eine **friedliche Revision** des Versailler Vertrages und die **Rehabilitation Deutschlands** als europäische Großmacht zu erreichen.
In einem ersten Schritt wurde die Isolation 1922 durch die Verträge mit der Sowjetunion in **Rapallo** (Verzicht auf Kriegsentschädigung, Meistbegünstigung im Handelsaustausch) aufgebrochen, die im **Berlinvertrag** 1926 bestätigt wurden. Im **Dawes-Plan** 1924 (Aufhebung der Ruhrkontrolle, Gewährung von Auslandsanleihen, Reichsbahn und -bank unterstanden internationaler Kontrolle) reagierten daraufhin die Westmächte und akzeptierten Deutschland erstmals wieder als Verhandlungspartner.
Ein Jahr später (1925) wurde in **Locarno** das Sicherheitsbedürfnis der Franzosen gestillt (Grenzgarantie im Westen für Frankreich und Belgien) und durch vorläufige Regelungen mit Polen und der Tschechoslowakei nach Osten hin ergänzt.
Diese ersten Stationen führten zu einer Aufnahme Deutschlands in den **Völkerbund** 1926 und damit zu einer Rückkehr in die Staatengemeinschaft.
Der **Young-Plan** 1929 als letzter großer Vertrag unter Stresemanns Federführung (er trat erst nach seinem Tod in Kraft) setzte die endgültige Höhe der Reparationszahlungen erstmals fest und hob die Kontrolle über Reichsbahn und -bank auf.

(6) *Umreißen Sie die Zusammenhänge, die von der Weltwirtschaftskrise in den USA zur politischen Krise der Weimarer Republik führten!*

Der Boom der goldenen 20er-Jahre, der verbunden war mit **Aktienspekulationen,** führte in Amerika zum Zusammenbruch des Finanz- und Kreditsystems. Dies machte eine schnelle **Rückforderung** der kurzfristigen Kredite, die jedoch z. T. in langfristige Projekte investiert worden waren, nötig. Weitere wirtschaftliche Maßnahmen Amerikas waren die Sperrung jedweder Anleihen ins Ausland sowie die Erhöhung amerikanischer Einfuhrzölle.
Der schnelle Abzug der amerikanischen Gelder führte in Deutschland zu einer **Konkurswelle,** die begleitet war von Bankenschließungen. **Massenarbeitslosigkeit** (v. a. Jugend- und Langzeitarbeitslose) war die Folge.

Damit war es zu einer **Gesellschaftskrise** gekommen, an deren Basis sich ein **Vertrauensverlust** gegenüber der Demokratie breitmachte. Der Zulauf zu antidemokratischen Parteien führte zu einer **politischen Radikalisierung.**

(7) *Skizzieren Sie die Ursachen des Scheiterns der Großen Koalition im März 1930 und zeigen Sie die politischen Folgen auf!*

Die Große Koalition bestand aus SPD, die mit 30 % den größten Anteil innehatte, Zentrum, DDP, DVP und BVP. Die hohe Arbeitslosigkeit infolge der Weltwirtschaftskrise führte auch zu einer **Krise des Finanzhaushaltes.** Die Koalitionsparteien prallten mit ihren Interessengegensätzen in der Frage des Arbeitgeberanteils bei der **Arbeitslosenversicherung** unvereinbar aufeinander. Vor allem SPD und DVP konnten sich bei dem Streit um ein halbes Prozent nicht einigen, da dies zum Auslöser einer parteipolitischen Grundsatzdiskussion geworden war.
Für die SPD ging es bei diesem Streit auch um ihre Glaubwürdigkeit gegenüber den Gewerkschaften. Die DVP stand in der Schuld der Schwerindustrie, als deren Vertreter sie sich verstand.
Zudem bestanden schon vor Ende März, als der SPD-Reichskanzler Müller zurücktrat, bei Präsident Hindenburg Überlegungen hinsichtlich einer mehr nach rechts ausgerichteten Regierungsumbildung. Der Weg für die **Präsidialregierungen** war geebnet.
Bei den Präsidialregierungen, die nun mit Kanzler Brüning begannen, hatte der Reichstag seine Macht gänzlich eingebüßt, da die Regierungsbildung nicht mehr von der Mehrheit des Parlaments, sondern nur noch vom Vertrauen des Präsidenten abhängig war.
Der **Parlamentarismus** war damit gescheitert. Die mangelnde Kompromissbereitschaft der Parteien hatte zu einer Schwächung des demokratischen Staates geführt.
Protestwahlen zugunsten radikaler Parteien waren die Antwort einer verunsicherten Wählerschaft (im September 1930 stieg die NSDAP von 2,6 auf 18,3 % bei den Reichstagswahlen).

(8) *Nehmen Sie kritisch zu der Aussage Stellung, dass die Weimarer Republik an den Schwachpunkten der Verfassung gescheitert sei!*

Die Weimarer Republik war auch an einigen Schwachpunkten der Verfassung gescheitert: Die verfassungsmäßig vorgesehene starke Stellung des Präsidenten machte diesen zu einer Art **Ersatzkaiser.** Mit dem **Notstands-**

artikel 48 hatte dieser bis hin zu den Grundrechten des Einzelnen, die nicht einklagbar waren, eine uneingeschränkte Handhabe und mit der Möglichkeit zur Auflösung des Reichstages konnte er den Parlamentarismus aushöhlen.
Die **doppelte Abhängigkeit des Reichskanzlers** von Parlament und Präsident machte diesen zum Spielball der Tagespolitik. Das **Fehlen einer Fünf-Prozent-Hürde** bei den Reichstagswahlen begünstigte eine Parteienzersplitterung, die eine parlamentarische Willensbildung erschwerte. Hinzu kam ein **destruktives Misstrauensvotum**, das einem schnellen Regierungswechsel Vorschub leistete.
Aber es gab auch eine Reihe anderer Gründe, die zum Scheitern der Weimarer Republik führten. So fehlte dieser ersten deutschen Republik eine **demokratische Tradition**, die sich unter den psychologischen und wirtschaftlichen Belastungen durch den **verlorenen Krieg** auch nur schwer ausbilden konnte.
Die **Dolchstoß-Legende** (Zersetzungserscheinungen im Heer, Meuterei und Revolution seien die Ursache und nicht die Folge des militärischen Scheiterns gewesen) bildete die Propagandagrundlage nationalistischer Publizistik, die sich in den ersten Jahren der jungen Republik gegen die so genannten Erfüllungspolitiker (des Versailler Vertrages) richtete.
Antidemokratische Kräfte von rechts wie von links bedrohten die Stabilisierung der jungen Republik, ein Austausch der **alten Eliten** (vgl. Reichswehr, Justiz) hatte zudem nicht stattgefunden. Die **Wirtschaftskrise** und die **mangelnde Kompromissbereitschaft der Parteien** förderten die Zweifel an der Tauglichkeit der Demokratie in der Bevölkerung.

Themenbereich: Die Entstehung totalitärer und autoritärer Systeme in Europa

(1) *Nennen Sie die Entstehungsbedingungen des italienischen Faschismus und umreißen Sie sein Selbstverständnis!*

Das Selbstverständnis des italienischen Faschismus nährte sich aus der Enttäuschung über die Ergebnisse des Krieges, die als **„verstümmelter Sieg“** gesehen wurden, und aus dem Willen Italiens, sich von innen her zu erneuern. Angst und Verunsicherung gegenüber dem **Bolschewismus** trieben auch bürgerliche Schichten früh auf die faschistische Seite. Das **Versagen der parlamentarischen Demokratie** während und nach dem Krieg förderte die Hinwendung an eine Führergestalt („Duce“). **Arbeitslosigkeit** und

Heimkehrerschicksale unterstützten den Glauben an die faschistische Bewegung. Die **sozialen Spannungen** zwischen Bauern und Großgrundbesitzern erschütterten das Land und schürten die Angst vor dem Sozialismus.
Nach dem **Marsch auf Rom** 1922 unter der Führung des „Duce" mit der Unterstützung der „Schwarzhemden" wurde Mussolini – trotz fehlender Mehrheit im Parlament – die Regierungsgewalt vom König übergeben. Mussolini gelang es in einer Koalitionsregierung mit konservativen Parteien, durch Propaganda und Terror die Macht so an sich zu reißen, dass es 1925 nur noch **eine Staatspartei** gab.

(2) Beschreiben Sie grundlegende Positionen des Bürgerkriegs in Russland zwischen 1918 und 1922 und seine Folgen!

Im Lager der **Weißen** sammelten sich alle antibolschewistischen Gruppen: Anhänger des Zaren, bürgerliche Demokraten, Sozialrevolutionäre und Menschewiki, sowie die nach Unabhängigkeit strebenden Nationalitäten der baltischen Randvölker und Zentralasiens. Sie wurden von den Westmächten und Japan durch Interventionstruppen im Juli/August 1918 unterstützt. Sie hatten weder ein einheitliches Programm noch eine zentrale Führung.
Der Petrograder Sowjet unter Trotzki bildete ein militärrevolutionäres Komitee, organisierte ein straff geführtes Massenheer wehrpflichtiger Arbeiter und Bauern und übernahm ehemalige zaristische Offiziere als Militärspezialisten. Sie bildeten die **Rote Armee** der Bolschewiki (Kommunistische Partei Russlands). Sie konnten sich im Kampf behaupten und nannten 1922 den neuen Staat **Union der Sozialistischen Sowjetrepubliken (UdSSR).**
Der **Terror** zwischen „Rot" und „Weiß" hatte 6 ½ Millionen Menschen das Leben gekostet, was zugleich eine Ausrottung der Oberschicht bzw. der alten Eliten bedeutete. An der **Hungersnot** (vor allem im Winter 1921/22) starben fast noch einmal so viele Menschen.
Die Konterrevolutionäre wurden im **Kronstädter Aufstand** blutig niedergeschlagen und auf dem **X. Parteikongress 1921** ein Verbot zur Fraktionsbildung ausgegeben. Die Partei hatte damit das **Meinungsmonopol** übernommen, **Säuberungsaktionen** waren die Folge. Auf dem selben Kongress wurde die **Neue Ökonomische Politik** (NEP) verfügt (Naturalsteuer, freier Verkauf von landwirtschaftlichen Überschüssen, Handels- und Produktionserlaubnis in kleinem Rahmen usw.). Damit war die Zeit der reinen Zwangswirtschaft und -politik des **Kriegskommunismus** 1922 beendet.

(3) *Fassen Sie zusammen, wie das Herrschaftssystem der UdSSR in den 30er-Jahren ausgebaut wurde!*

Nach Lenins Tod arbeitete sich **Stalin** an die Spitze von Partei und Staat. Durch **Terror** sicherte er seine Herrschaft, Gegner der Verbannung Trotzkis wurden als „linke Opposition“ am XIV. Parteikongress 1925 entfernt. Von den ursprünglich sieben Mitgliedern des Politbüros Lenins überlebte außer Stalin niemand.
Den Höhepunkt der Ausschaltung politischer Gegner bildeten in der Folgezeit die grausam inszenierten **Schauprozesse. „Säuberungen“** vor allem im Militär (90 % der Generalität) füllten 1936–38 in Millionenhöhe die Lager („Archipel Gulag“) und führten zu massenhaften Hinrichtungen.

Themenbereich: Deutschland unter dem Nationalsozialismus

(1) *Erklären Sie die wichtigsten Säulen der nationalsozialistischen Ideologie und erläutern Sie, wie sie zusammenhängen!*

Ausgangspunkt ist die unzulässige Übertragung des Gedankengutes des Darwinismus, wo nur der Stärkere den Überlebenskampf gewinnt, auf den Menschen als **Sozial- bzw. Geschichtsdarwinismus.** Hier wird zugleich der Stärkere zu einem sittlich Höherstehenden (Herrenmenschen) mit einer größeren Lebensberechtigung. Dem eng verbunden, schließt sich der Rassenmythos (vgl. die Wurzeln bei Comte A. de Gobineau und Huston Chamberlain) an, aus dem die **Rassenlehre** Hitlers entstand: die arische Rasse sei kulturbegründend und -tragend, die Unterwerfung und Vernichtung „minderwertiger“ Rassen („Untermenschen“) entsprechend berechtigt. Eine Verengung und Zuspitzung erfährt die Rassenlehre im **Antisemitismus,** der die Ausmerzung des „rassisch minderwertigen Judentums“ zum Ziel hat und zu einem der zentralen Punkte der nationalsozialistischen Innenpolitik wurde. Das Judentum wird im Gegensatz zu früheren Zeiten (Religionsgemeinschaft) als Rasse gebrandmarkt; der „Reinhaltung des Blutes“ wird der Rassenkampf gewidmet. Die Kampfgemeinschaft lebt und handelt nach dem **Gewaltprinzip,** um als stärkere Rasse zu überleben. Krieg (Militarismus), Expansion (Imperialismus) und Terror sind damit legitimierte Strategien der Herrschaft und das **Führerprinzip** ergibt sich folgerichtig für den Stärksten der Gruppe. Diese auf dem Gewaltprinzip basierende Anschauung ist damit von sich aus **antiliberal** und gipfelt politisch im **Antibolschewismus.**

(2) *Inwiefern bietet das Stichwort „Faszination und Gewalt" ein Erklärungsmodell für die Herrschaftstechnik der Nationalsozialisten?*

Ein Großteil der „Faszination" wurde durch die **Propaganda** (Massenkundgebungen, Parteitage) und den **Führerkult** ausgestrahlt. Verführungsangebote bestanden durch Karrieremöglichkeiten mittels Parteizugehörigkeit. Zugleich funktionierte die Partei als Lebenssinnstiftung und psychologische Rehabilitationsmöglichkeit für die Schmach des Ersten Weltkrieges. Das Gefühl der **Volksgemeinschaft** und die **„Gleichschaltung"** des Staatsbürgers sollte auch im Privaten durch Freizeitangebote („Kraft durch Freude") und Verbandsarbeit (Jugend- und Frauenverbände) organisiert werden.
Wer dieser „Glaubensgemeinschaft" nicht angehörte oder ihr kritisch und ablehnend gegenüber stand, wurde mit differenzierten Formen von **Gewalt und Terror** konfrontiert: Diffamierung – Ausgrenzung – „Schutzhaft" – Vernichtung.
In Kombination ermöglichte diese Strategie ein erfolgreiches „Machtergreifen" in der deutschen Bevölkerung, wie immer man auch als Einzelner zur „Bewegung" politisch stand.

(3) *Erklären Sie, was damit gemeint ist, dass Hitler mit einer „Legalitätstaktik" an die Macht gekommen sei!*

Nach dem gescheiterten Putschversuch 1923 wählte Hitler den Weg durch die politisch vorhandenen Institutionen. Ohne seine antiliberale und antidemokratische Ideologie zu verändern, unterwarf er sich dem formal legalen Weg. Taktische Voraussetzungen dafür waren Disziplinierungsmaßnahmen gegen die eigene Partei und die SA (Röhm-Putsch 1934), der **Legalitätseid** Hitlers im September 1930 und eine kurzfristige **Koalitionsbereitschaft** im Reichstag.
Die Ernennung eines antidemokratischen Kanzlers im Januar 1933, die so genannte **Brandverordnung** nach dem Reichstagsbrand im Februar, die eine Aufhebung des Rechtsstaates war, und auch das **„Ermächtigungsgesetz"** standen formal zwar auf legalem Boden, verstießen aber gegen den Geist der Verfassung und bedeuteten de facto einen **Verfassungsbruch.**

(4) *Fassen Sie die Rassenpolitik Hitlers in Phasen zusammen und beschreiben Sie wesentliche Merkmale dieser Phasen!*

Voraussetzung für die Durchführung der Rassegesetze bildete die gesetzliche Grundlage, die mit der **Verordnung zum Schutz von Volk und Staat** und dem **Ermächtigungsgesetz** 1933 geschaffen worden war.
Eine **erste Phase** (1933–35) lässt sich unter dem Stichwort **Diffamierung** zusammenfassen: Jüdische Unternehmen wurden boykottiert, Juden durch die Entlassung aus dem Beamtenverhältnis oder Entfernung aus dem kulturellen Leben (Reichskulturkammer) ausgegrenzt. Höhepunkt fand dies in der Trennung zwischen „Staatsbürgern" und „Reichsbürgern" (Reichsbürgergesetz).
Eine **zweite Phase** (1935–38) setzte mit der sukzessiven **Entrechtung** der Juden ein. Die Nürnberger Gesetze 1935 belegten die „Blutschande" mit strafrechtlicher Verfolgung. Diese Phase endet mit der Kennzeichnung der Juden mit einem „J" in ihren Reisepässen.
Eine **dritte Phase** setzte Ende 1938 mit der Zerstörung von ca. 250 Synagogen und Verwüstung und Plünderungen in der so genannte „Reichskristallnacht" ein. Die Massenverhaftungen in dieser Nacht (ca. 20000) mündeten ein in die Welle der **Verfolgung und Deportation.** Schulverbot, Einzug des jüdischen Vermögens/Arisierung und Wohnbeschränkung waren Verordnungen dieser Zeit.
Der Plan zur **„Endlösung der Judenfrage"** wurde im Januar 1942 auf der Wannseekonferenz vorgestellt. Damit war die Rassenpolitik in die **vierte** und letzte **Phase** eingetreten. Bereits seit 1939 wurden außerhalb des deutschen Reichsgebietes die Konzentrationslager zu Vernichtungslagern umfunktionalisiert, in denen nun die organisierte Ausrottung der Juden begann, die in den größten **Völkermord** des 20. Jahrhunderts mündete.

(5) *Erklären Sie, wie Hitler die Arbeitslosigkeit kurzfristig abbaute und beurteilen Sie kritisch diese Maßnahmen in ihrer Ausführung und Zielsetzung!*

Die wichtigsten Maßnahmen zur Reduzierung der Jugendarbeitslosigkeit waren die Einführung des sechsmonatigen **Reichsarbeitsdienstes** sowie die zweijährige **Wehrpflicht.** Arbeitsplätze wurden vor allem durch die **Staatsaufträge** zum Bau von Kasernen, Repräsentativbauten in Berlin, München und Nürnberg, Autobahnen und Flugplätzen geschaffen. Hinzu kam eine Ankurbelung der **Rüstungsindustrie** und der Ausbau im **Transportwesen**. Die Propagierung der Rolle der **Frau als Mutter** sollte in der Arbeitswelt

zusätzlich freie Plätze schaffen. Die Finanzierung der wirtschaftlichen Maßnahmen wurde gestützt durch Lohn- und Preisbindungen, planwirtschaftliche Strukturen (Vierjahresplan) und ein ungedecktes Saatsverschuldungssystem über die so genannten **Mefo-Wechsel** (Metall-Forschung).
Kritisch zu sehen ist zum einen, dass die Banken ihre Autonomie verloren und sich eine enorme **Staatsverschuldung** Ende der 30er-Jahre abzeichnete. Zum anderen dienten die Maßnahmen in erster Linie der **Machtstabilisierung** und **Kriegsfähigkeit** (Propaganda und Rüstung).
Der wirtschaftliche Aufschwung kam vor allem Großinvestoren der **Rüstungsindustrie** zugute. Löhne und Gehälter blieben Großteils auf dem Niveau von 1932 und lagen z. T. weit unter den Stundengehältern von 1928. Eine wesentliche Investition in Luxus- und Konsumgüter ohne kriegsrelevante Bedeutung unterblieb.
Die Arbeitslosigkeit wurde bis 1937 auf etwa eine halbe Million reichsweit gesenkt (RAD und Wehrdienst erschienen nicht mehr in der Statistik), ohne die Spekulation auf einen gewonnen **Krieg** und die Vorherrschaft in einem Europa, über dessen Ressourcen man verfügt, wird die ruinöse Basis dieser Maßnahmen deutlich.

Jahrgangsstufe 13

Themenbereich: Internationale Politik und Zweiter Weltkrieg

(1) *Erklären Sie, worin die Erwartungen, die Zugeständnisse, aber auch die Grenzen der „appeasement"-Politik lagen!*

Die „Beschwichtigungspolitik" Chamberlains sah vor, Deutschlands Forderungen um der Friedenswahrung willen so weit wie möglich anzuerkennen, um damit Hitler zufrieden zu stellen und zu „zähmen".

Zugeständnisse waren von englischer Seite gewesen: den Austritt aus dem Völkerbund zu tolerieren, die Westmächte nach dem Bündnis mit Polen zu beruhigen, die Volksabstimmung im Saarland hinzunehmen, den Bruch des Versailler Vertrages (Wiedereinführung der Wehrpflicht, Wiederbewaffnung, Einmarsch in die entmilitarisierte Zone des Rheinlandes) zu akzeptieren.

Das expansive Vorgehen beim **Anschluss Österreichs** und der Abtrennung des Sudetenlandes 1938 wurde im **Münchner Abkommen** noch einmal akzeptiert (Friedensbezeugungen Hitlers und Friedenshoffnungen Chamberlains). Die Besetzung der **„Resttschechei"** 1939 bildete dann das Ende der „appeasement"-Politik.

Grenzen waren dieser politischen Taktik von Anfang an gesetzt durch die **Doppelstrategie** Hitlers, die aus einem Wechselspiel von Friedensbezeugungen und einer Politik der vollendeten Tatsachen bestand. Die „appeasement"-Politik war auch deshalb zum Scheitern verurteilt, da Hitler mit einer Lebensraum-Politik und seinem ideologischen Gewaltprinzip keinen dauerhaften Frieden anstrebte.

(2) *Erläutern Sie Voraussetzungen und Motive des Hitler-Stalin-Paktes!*

Die ideologischen Erzfeinde Hitler und Stalin versprachen sich durch ein gemeinsames Paktieren militärtaktische und territoriale Gewinne, für die ihnen ein Risiko auf Zeit kalkulierbar erschien.

Voraussetzung dafür war, dass die Sowjetunion in ihren Verhandlungen mit England und Frankreich um freie Handhabe gegenüber den baltischen Staaten gescheitert war. Auch die Erlaubnis für einen Durchmarsch durch Polen im Kriegsfall verweigerte die polnische Regierung. Die Sowjetunion war somit in ihrem Expansionsstreben im Baltikum an Grenzen gestoßen und sah in dem Pakt mit Hitler nun neue Möglichkeiten. Ideologische Gegensätze wurden aus territorialen Gesichtspunkten hintangestellt.

Für Deutschland war eine ähnlich isolierte Situation in seinem aggressiven Expansionsstreben eingetreten. Polen hatte die territorialen Wünsche Deutschlands zurückgewiesen und versicherte sich der Hilfe Englands und Frankreichs. Annäherungen an England waren ebenfalls gescheitert.
Um in der „**Polenfrage**" freie Hand zu haben und diese noch im August 1939 „lösen" zu können, wandte sich Hitler persönlich in einem Telegramm an Stalin.
Vor allem das geheime Zusatzprotokoll, das die Teilung Polens vorsah, regelte die Abgrenzung der beiden territorialen Interessensphären in Osteuropa nach ihren Vorstellungen.

(3) Skizzieren Sie die Probleme und Ursachen, die zum Scheitern des deutschen Widerstandes gegen die NS-Herrschaft geführt haben!

Da neben dem Terror die **Bespitzelung** und **Überwachung** ebenso wie die **Gleichschaltung und Zensur der Presse** Instrumente der Herrschaftssicherung im totalitären Staat waren, wurde die Koordination von Widerstandsgruppen erschwert.
Hinzu kamen die z. T. **weit auseinander liegenden Zielvorstellungen** der einzelnen Widerstandsgruppen (von militärisch-monarchistisch und kirchlich bis kommunistisch). So verhinderte nicht zuletzt die Zerrissenheit der Arbeiterbewegung ein zielgerichtetes gemeinsames Handeln. Auch aus dem Ausland gab es keine organisierte zentralisierende Unterstützung.
Die NS-Diktatur zu beseitigen und die Führerperson Hitler zu stürzen, war zwar die Absicht aller Gruppierung, die **Gewissenskonflikte**, die die Aktionen lange Zeit hemmten, waren jedoch unterschiedlich: so band der Eid die Wehrmachtsangehörigen an die Person des Führers, Patrioten sahen in einer Widerstandsaktion Landesverrat und viele Gruppierungen hatten gewaltfreies Handeln als oberstes Gebot.
Auch eine breite **Unterstützung in der Bevölkerung** war nicht gegeben, aufgrund der innen- und außenpolitische „Erfolge" Hitlers.

(4) Was versteht man unter dem Begriff „totaler Krieg" und was bedeutete er für die Deutschen?

Der „totale" Krieg unterscheidet sich vom Frontenkrieg dadurch, dass die gesamten Kräfte eines Volkes für einen Sieg mobil gemacht werden. Für Deutschland war dieser Moment nach der militärischen Niederlage von **Stalingrad** gekommen. Der totale Krieg wurde durch Goebbels in einer propagandistischen Proklamation im Sportpalast Februar 1943 verkündet. Für Deutschland hieß dies ab September 1943 die Umstellung der gesamten Wirtschaft auf **Kriegswirtschaft:** Verdreifachung der **Rüstungsproduktion**, Rationskürzung der Lebensmittel und zentralistische Planwirtschaft der Produktion unter der Leitung des Ministeriums für „Rüstung und Kriegsproduktion" unter Albert Speer. Gleichzeitig wurde an der „inneren Front" mit drakonischen Maßnahmen gegen **Wehrkraftzersetzung** strafrechtlich vorgegangen.

(5) *Skizzieren Sie die Kennzeichen der deutschen Besatzungspolitik!*

Im Norden und Westen trat die deutsche Besatzungsmacht anders auf als in den östlichen Gebieten.
In den skandinavischen Ländern, den Beneluxländern und in Frankreich hielt man in erster Linie die strategische Stellung, was partiell auch zu **Kollaboration** (vgl. Vichy-Regierung) mit der deutschen Regierung führte. Auch die Selbstverwaltung blieb in den besetzten Gebieten weitgehend durch **Zivilregierungen** (vgl. Dänemark, Norwegen, Niederlande und Südfrankreich) bestehen.
Im Gegensatz dazu wurde im **Osten** nach den nationalsozialistischen Lebensraumplänen deutsches Siedlungsgebiet erobert. Diese ideologische Vorgehensweise, die mit der Durchführung der Rassenpolitik einherging, wurde vor allem von den **SS-Einheiten** durchgeführt. Die **wirtschaftliche Ausbeutung** der Rohstoffe für die deutsche Rüstungsindustrie wurde seit dem Kriegseintritt der Amerikaner im Baltikum und der Ukraine verstärkt.
Besonders hart gingen die deutschen Besatzer in **Polen** vor, wo die Bevölkerung als „Schutzangehörige" des Reiches brutal **germanisiert** wurde und die Juden in Gettos zusammengetrieben wurden (vgl. Warschauer Aufstand).
Einen Höhepunkt der Rassenpolitik erreichte die deutsche Besatzungsmacht in der Sowjetunion mit dem so genannten **Kommissarbefehl** (Liquidierung der politisch-militärischen Elite). Der **Generalplan Ost** sah eine groß angelegte Germanisierung von Polen bis zum Ural vor.
Auf Widerstand gegen die herrische Besatzungspolitik, der sich in Sabotageakten und einem zähen Partisanenkrieg zeigte, wurde mit Gegenterror und willkürlichen **Geiselerschießungen** als Vergeltungsmaßnahmen geantwortet.

(6) *Erklären Sie, inwiefern sich in Jalta trotz gemeinsamer Ziele das Scheitern gemeinsamer Friedensverhandlungen der Alliierten abzeichnet!*

Die „Drei Großen" der Aliierten – Roosevelt, Churchill und Stalin – trafen sich Anfang Februar 1945 auf der Krim, als die alliierten Armeen bereits an den deutschen Grenzen standen.
Einig war man sich über die Beseitigung der NS-Herrschaft, die Durchführung von Entnazifizierung und Entmilitarisierung, die Festsetzung von Reparationszahlungen, die Demontage und die Zerstückelung Deutschlands. Ungeklärt und offen blieb jedoch die Vorgehensweise.
Als Ostgrenze Polens wurde die so genannte Curzonlinie festgelegt. Die Sowjetunion hatte jedoch in den eroberten Gebieten, ohne einen Friedensvertrag abzuwarten, eine provisorische kommunistische polnische Regierung eingesetzt. Der Wettlauf um den ideologischen Einflussbereich zeichnete sich ab. Nicht nur die **Flucht,** sondern auch die **Vertreibung** von Deutschen hatte bereits eingesetzt.
Um den westlichen Einfluss zu stärken, forderte Churchill die **Beteiligung Frankreichs** an der Besatzung und den Verhandlungen. Ein ideologisches Tauziehen hatte begonnen.

Themenbereich: Bedingungen und Probleme des Neubeginns nach dem Ende des Krieges

(1) *Klären Sie die Ursachen der Fluchtwellen und Umsiedlung, und zeigen Sie die Problematik dieser unmenschlichen „Völkerwanderung" während und nach dem Zweiten Weltkrieg!*

Eine **erste Fluchtwelle** unter den Volks- und Reichsdeutschen begann nach dem Zusammenbruch der Ostfront vor Stalingrad, da man Vergeltungsakte aufgrund des Vorgehens der deutschen Wehrmacht und der SS fürchtete. Einen Wettlauf von Millionen Deutschen vor der Roten Armee löste die russische Winteroffensive 1944/45 aus. Bereits hier überlebte eine halbe Million Menschen die Strapazen nicht. Eine **zweite Flucht- und Vertreibungswelle** erfolgte nach Kriegsende aufgrund der Racheakte von Polen und Tschechen. Aufnahmeländer waren vor allem die agrarisch strukturierten Länder Bayern, Niedersachsen und Schleswig-Holstein, sowie die Sowjetische Besatzungszone (SBZ).
Nach der Kapitulation wurde die **„Umsiedlung"** aller Deutschen östlich von Oder und Neiße, aus Ungarn und der Tschechoslowakei durch das

Potsdamer Abkommen in „geregelter und menschlicher Weise" festgelegt. Die Umsiedlung geschah jedoch meist unter Begleitung von Verbrechen und unmenschlichen Repressalien. Der Zustrom der meist mittellosen Flüchtlinge bedeutete für die Aufnahmeländer ein Verteilungs-, Versorgungs- und schließlich Integrationsproblem. Hinzu kam eine **dritte Fluchtwelle** aus der SBZ.

Flüchtlingslager, materielle und psychische Not und Konflikte mit der alteingesessenen Bevölkerung (vgl. Wohnraumbewirtschaftung) bestimmten über Jahre das **Flüchtlingselend.**

Lastenausgleichsgesetz und Sonderprogramme im Wohnungsbau sowie die **Charta der Heimatvertriebenen** von 1950 bildeten Rahmenbedingungen der Hilfe und Integration.

(2) Fassen Sie die wichtigsten deutschlandpolitischen Bestimmungen des Potsdamer Abkommens zusammen und bewerten Sie kritisch deren Durchführbarkeit!

Die wichtigsten deutschlandpolitischen Bestimmungen betrafen zum einen die Übernahme der Regierungsgewalt durch die Siegermächte im **Alliierten Kontrollrat**. Zum anderen wurden wesentliche Bereiche der Gesellschaft und Wirtschaft umstrukturiert durch **Entmilitarisierung, Demontage und Entnazifizierung**. Hinzu kam die **Dezentralisierung** von Verwaltung und Wirtschaft in den jeweiligen Besatzungszonen.

Territoriale Veränderungen betrafen die deutschen Gebiete östlich der Oder und Neiße, die unter polnische Verwaltung, und die Gebiete des nördlichen Ostpreußen, die unter sowjetische Verwaltung gestellt wurden (bei dem Vorbehalt einer späteren Friedensregelung).

Eine geordnete **Umsiedlung** der deutschen Bevölkerung aus Polen, Tschechoslowakei und Ungarn sollte erfolgen.

Hinsichtlich der Durchführbarkeit dieser Bestimmungen ist kritisch zu sehen, dass sich die Alliierten in der Zielsetzung der Anti-Hitler-Koalition während des Krieges zwar einig waren, Ost und West bei der Neugestaltung Deutschlands aber unterschiedliche **ideologische Interessen** vertraten.

Vor allem Begriffe wie Demokratisierung und Entnazifizierung wurden inhaltlich unterschiedlich interpretiert.

Die Sowjetunion versuchte ihren Einflussbereich auszudehnen und in ihrer Besatzungszone frühzeitig mit der Umgestaltung von Wirtschaft und Gesellschaft nach **sozialistischen Vorstellungen** zu beginnen. Die Folge war, dass die Verhandlungen mit den westlichen Demokratien stagnierten. Das

Verhalten der Sowjetunion führte letztendlich zu einer **„Containment-Politik“** (Politik der Eindämmung) der Westmächte. Skepsis war auch angebracht hinsichtlich einer humanen Durchführung der **Umsiedlung** der Deutschen aus den Ostgebieten.

(3) *Vergleichen Sie die Entnazifizierung in der amerikanischen und in der sowjetischen Besatzungszone!*

Die Entnazifizierung war ein Auftrag des von den Alliierten gemeinsam verabschiedeten **Potsdamer Abkommens**.
Die Entnazifizierung in der SBZ wurde vor allem in den Bereichen Justiz, Polizei und Bildungswesen radikal durchgeführt. Nur nominelle NS-Mitglieder blieben ungestraft, da um die breite Bevölkerung für den Aufbau der neuen Gesellschaft, d. h. des SED-Staates, geworben wurde. Hartes Vorgehen zeigte die sowjetische Besatzungsmacht auch gegen Großgrundbesitzer, Adel und Besitzbürgertum, die mit Internierung und **Enteignung** belegt wurden. Die Entnazifizierung stand hier im Zusammenhang mit der **Sowjetisierung** und war Teil der Umgestaltung von Wirtschaft und Gesellschaft.
In der amerikanischen Besatzungszone war die erste Phase der Entnazifizierung gekennzeichnet durch Massenverhaftungen, Massenentlassungen und Berufsverbote, die oft schnell wieder rückgängig gemacht wurden. Mit dem **„Befreiungsgesetz“** von 1946 und den Fragebögen der **Spruchkammern** trat die Entnazifizierung in eine zweite Phase ein. Die Problematik dieser Praxis beim Aufbau eines neuen Staates spiegelte sich darin, dass die Spruchkammern durch die „Persilscheine“ zu „Mitläuferfabriken“ wurden. Schwerere Verfahren wurden häufig anfangs zurückgestellt, dann verzögert und zu Beginn des Kalten Krieges eingestellt. Der Versuch einer fundamentalen Entnazifizierung war damit fehlgeschlagen. Die Anklage und Verurteilung von hohen Militärs sowie NS-Regierungsmitgliedern wurde vor dem Internationalen Gerichtshof in den **Nürnberger Prozessen** durchgeführt.

(4) *Welche Ziele verfolgte die Sowjetunion, als sie den Alliierten Kontrollrat verließ?*

Die Kündigung der Zusammenarbeit mit den Alliierten von sowjetischer Seite und die darauf folgende **Berlinblockade** war vordergründig eine Reaktion auf die **Währungsreform** in den Westzonen. Verfolgt wurden jedoch folgende Ziele: eine bevorstehende Einbeziehung der Westzonen in ein atlantisches Bündnis (vgl. Londoner Verhandlungen) zu verhindern, den

kommunistischen Machtbereich über Berlin und Deutschland weiter auszudehnen, die gemeinsame Stadtverwaltung in Berlin zu zerstören (Ausscheidung des Ostsektors) und eine Spaltung der Stadt herbeizuführen. Es bestand die Hoffnung, dass die Westalliierten den Westsektor der Stadt aufgeben würden.
Damit wurde die Gründung zweier Teilstaaten beschleunigt.

(5) *Wie setzten die Besatzungsmächte den im Potsdamer Abkommen festgelegten Beschluss zur Demontage und Reparationszahlung um?*

Festgelegt war, dass jede Besatzungsmacht ihren Anteil aus der ihr zugeteilten Zone entnimmt, die Sowjetunion jedoch einen Teil der Demontagegüter aus den Westzonen (Industriestandorte) gegen Lebensmittellieferungen beziehen sollte. Dieser Transfer wurde bereits 1946 eingestellt, da die Lebensmittellieferungen aus der SBZ ausblieben.
War ursprünglich die Demontage von 1 800 Industrieanlagen in den Westzonen geplant, so beschränkte man sich tatsächlich auf etwa 700, v. a. Rüstungsbetriebe.
Die Entwicklung des **Kalten Krieges** veränderte die Haltung der USA: anstelle einer Ausbeutung bildete nun die Förderung der europäischen Wirtschaft einen grundlegenden Faktor ihrer **„Containment"-Politik.**
In der **SBZ** hingegen fanden umfassende Demontagen statt. Die Besatzungsmacht nahm sich aus ihrer Zone, was sie von ganz Deutschland beanspruchte. Durch die großen Verluste der Sowjetunion im Zweiten Weltkrieg forderte sie bis 1953 Reparationszahlungen in einer Gesamthöhe von 66 Mrd. Reichsmark; dies lag um ein Dreifaches höher als die Summe der Westzonen. Ein wirtschaftlicher Aufschwung wurde daher verzögert und entwickelte sich auch nach der **Sowjetisierung** nur langsam.

(6) *Welche Ziele verfolgte der Marshallplan?*

Der Not der Nachkriegszeit war alleine durch die bisherigen Anleihen der amerikanischen Hilfen und Kredite nicht beizukommen. Im Zusammenhang damit machte man sich Sorge um die Ausbreitung des Kommunismus.
So entwickelte der amerikanische Außenminister George C. Marshall im Juni 1947 ein **Hilfsprogramm für alle europäischen Länder.** Die Sowjetunion lehnte (wie auch die Staaten in ihrem Einflussbereich) die Teilnahme ab, um sich nicht in ein Abhängigkeitsverhältnis zum Westen zu begeben.

Die **OEEZ,** die Organisation für europäische wirtschaftliche Zusammenarbeit, wurde als Verteilungsstelle gegründet. Die Hilfsleistungen erfolgten größtenteils in Sachlieferungen, Rohstoffen, Lebensmitteln und in Form von Krediten. Die Gegenwerte wurden in der jeweiligen Landeswährung in der Länderzentralbank als Investitionsfond angelegt. Wesentliche Ziele des **European Recovery Program** waren die Wiederaufrichtung der europäischen Wirtschaft, die Integration der Besatzungszonen in eine westalliierte Politik und die Schaffung eines Absatzmarktes für die amerikanische Überproduktion.
Sobald die Bundesrepublik gegründet worden war, konnte sie als Staat an den Hilfeleistungen partizipieren und erhielt bis 1957 Leistungen in Höhe von umgerechnet 1,7 Milliarden Dollar.
Der Marshall-Plan beschleunigte zwar den wirtschaftlichen Aufbau der Bundesrepublik, aber er trug auch zur **Spaltung Europas** wesentlich bei.

(7) *Erklären Sie, in welchem Zusammenhang die „Frankfurter Dokumente" entstanden und beurteilen Sie kritisch die Vorgehensweise der Westmächte!*

Auf der **Londoner Außenministerkonferenz** im März 1948 wurde von den Westmächten – die Sowjetunion war nicht anwesend – die endgültige Gründung eines westdeutschen Staates beschlossen. Man hatte sich dazu entschlossen, da sich auf den vorhergegangenen Außenministerkonferenzen die Fronten nur weiter verhärtet hatten; die Sowjetunion war von der **Ostintegration** der deutschen Gebiete nicht abgewichen. Die daraufhin von den westlichen Militärgouverneuren vorgelegten Frankfurter Dokumente vom Juli 1948 leiteten die Wahl zu einer **verfassungsgebenden Versammlung** durch die Länderparlamente ein.
Positiv zu bewerten ist bei diesem Vorgehen, dass die Militärgouverneure nach drei Jahren Besatzungszeit den provisorischen Zustand durch die Bildung eines eigenen Staates endlich beenden wollten. Andererseits war dieser Entschluss ohne die Sowjetunion gefallen. Es wurde also nun auch auf politischem Gebiet (wie auf wirtschaftlichem durch die Währungsreform) ein getrennter Weg eingeschlagen, der klar in eine Teilung Deutschlands mündete.

(8) *Zeigen Sie einige Punkte im Grundgesetz der Bundesrepublik auf, die man eingedenk der Fehler der Weimarer Verfassung veränderte!*

Zum einen wurde der **Einfluss des Volkes** beschränkt: der Präsident wird nicht mehr direkt gewählt (was aber auch mit seiner veränderten Funktion zusammenhängt) und die Möglichkeit von Plebisziten wurde stark eingeschränkt. Zum anderen wurden die **Grundrechte** einklagbares Recht und durch den Art. 79 so gesichert, dass sie auch durch eine Verfassungsänderung nicht ausgeschaltet werden können, da sie als Staatsziel formuliert wurden. Zudem wurde das **Parlament stabilisiert** durch die Fünf-Prozent-Hürde bei Wahlen und die Festschreibung der Parteien als verfassungsrechtliche Institutionen. Die Stellung des **Präsidenten** wurde dahingehend verändert, dass er keinen Oberbefehl über die Bundeswehr und über keine so weit reichenden Befugnisse wie das Notstandsgesetz verfügt. Seine Amtszeit wurde auf 5 Jahre verkürzt und die Wiederwahl auf ein Mal beschränkt.

(9) *Erläutern Sie den Alleinvertretungsanspruch der Bundesrepublik als deutscher Nachfolgestaat 1949!*

Die Bundesrepublik sah sich als **Fortbestand** und nicht als „Rechtsnachfolge" des 1871 gegründeten Reiches und zugleich als **Vorläufer eines künftigen Gesamtdeutschlands**. Damit verstand sich der neu gegründete Staat als territorial „teilidentisch" mit dem Deutschen Reich. Deutlich wurde dies in der Haltung gegenüber der Frage des Berlinstatus.
Der Alleinvertretungsanspruch wurde aus der **Präambel des Grundgesetzes** hergeleitet (problematisch, da diese kein vom Bundesverfassungsgericht untermauerter Rechtsgrundsatz ist). Der Alleinvertretungsanspruch zeigte sich in seiner praktischen Umsetzung als Instrument der **Hallstein-Doktrin** (Wertung von diplomatischen Verbindungen zur DDR und ihren Partnern als unfreundlichen Akt gegen die Bundesrepublik). Die Nichtanerkennung der DDR als Staat war auch darin begründet, dass sie nicht auf den Grundsätzen der freien und geheimen **Wahlen** bestand.

(10) *Welche Gründe bewogen Adenauer, für einen deutschen Wehrbeitrag einzutreten?*

Adenauer beschritt in seiner Deutschlandpolitik den Weg der Zugeständnisse, um so größere Handlungsspielräume für die Bundesrepublik zu erlangen.

Durch die **Koreakrise** wurde die Angst vor der kommunistischen Weltherrschaft geschürt. Deutschland war durch seine Grenzlage nicht nur ein Partner für eine wirtschaftliche, sondern auch für eine militärische **Westintegration**. Diese Beteiligung versprach zudem langfristig eine größere **politische Souveränität** (vgl. Besatzungsstatut).
Auch die **Stalin-Note** konnte Adenauer nicht daran hindern, im August 1952 den **Deutschlandvertrag** im Rahmen der **EVG** (Europäische Verteidigungsgemeinschaft) zu unterzeichnen. Die **Wiederbewaffnung** löste eine innenpolitische Grundlagendiskussion über den Vorrang der Wiedervereinigung in der Deutschlandpolitik Adenauers aus. Auch innerparteilich gab es darüber so große Differenzen, dass der Bundesinnenminister Gustav Heinemann (CDU) aus dem Kabinett austrat.

Themenbereich: Deutschland seit den fünfziger Jahren

(1) *Erläutern und bewerten Sie die außenpolitischen Grundzüge Adenauers bis 1955!*

Adenauers Ziel war in erster Linie die **Westintegration.** Dies bedeutete auf lange Sicht eine **Aussöhnung mit Frankreich,** um einen jahrhundertealten Konfliktpunkt europäischer Geschichte zu befrieden. Zudem glaubte er, die deutsche **Wiedervereinigung** nur über eine Westbindung erreichen zu können.
Diese Strategie bestätigte sich durch die Verschärfung des Ost-West-Konfliktes während des **Korea-Kriegs** 1950 und durch das Vorgehen der DDR bei den Aufständen vom **17. Juni 1953**. Die **Stalin-Note** 1952 (Wiedervereinigung durch Neutralität) war daher für ihn kein ernst zu nehmendes politisches Angebot.
Adenauers Präferenz galt zudem einer schrittweisen Lockerung des Besatzungsstatuts und dem europäischen Einigungsprozess.
Sein starres Festhalten an der Westintegration speiste sich aus seinem Glauben an die **„Magnettheorie“** (wirtschaftlicher Aufschwung und volle Souveränität des Weststaates übe eine Sogwirkung auf die DDR aus) und aus seinem Potsdam-Trauma (völlige Fremdbestimmung durch die Siegermächte).
Widerstand und Kritik gegenüber seiner außenpolitischen Westausrichtung erfuhr Adenauer v. a. bei der Ablehnung der Stalin-Note und bei der Frage um die Wiederbewaffnung als Teil eines westlichen Militärbündnisses. Ihm wurde eine Verhärtung der Fronten und ein Verspielen aller Wiedervereinigungsmöglichkeiten vorgeworfen. Zu Beginn der 60er-Jahre befand sich daher die Deutschlandpolitik weitgehend in einer Sackgasse. Die Angst vor

einer sowjetischen Übermacht verschaffte Adenauer jedoch bei einem Großteil der deutschen Bevölkerung die nötige Akzeptanz für seinen außenpolitischen Kurs.

(2) *Fassen Sie die Grundzüge der Berlinpolitik der Westmächte zusammen und erklären Sie davon ausgehend ihre Haltung gegenüber dem Chruschtschow-Ultimatum von 1958!*

Die Westalliierten hielten an Ihrem Recht auf **Anwesenheit in Berlin**, an ihrem Recht auf **freien Zugang** und am **Selbstbestimmungsrecht** der Stadt fest.
Das Chruschtschow-Ultimatum zielte auf die Aufhebung des Vier-Mächte-Status Berlins ab, auch die Umwandlung in eine entmilitarisierte „Freie Stadt" wurde in Aussicht gestellt.
Die Westmächte reagierten mit Ablehnung, da eine Eingliederung der Stadt in die DDR absehbar war. Eine Übertragung der Hoheitsrechte der ganzen Stadt Berlin auf die DDR war nicht akzeptabel.

(3) *Erläutern Sie wesentliche Gesichtspunkte, die als Voraussetzungen des „Wirtschaftswunders" angesehen werden können!*

Einen wesentlichen Anteil an dem wirtschaftlichen Erfolg der jungen Republik hatte das schon vor ihrer Gründung von **Ludwig Erhard** auf den Weg gebrachte Konzept der **sozialen Marktwirtschaft**.
Ziel war es, die Landwirtschaft zu dezimieren und die produzierenden Gewerbe und den Dienstleistungssektor auszubauen. Wesentliche Voraussetzungen für den wirtschaftlichen Aufschwung in der Nachkriegszeit waren die starke **Arbeitsbereitschaft** in der Bevölkerung, eine anfangs sehr **zurückhaltende Tarifpolitik** der Gewerkschaften (ermöglichte eine hohe Investitionsspanne), eine noch relativ gut erhaltene **Infrastruktur,** ein guter **Absatzmarkt** durch einen großen Nachholbedarf an Konsumgütern sowie eine **staatliche Verwaltungswirtschaft** in einigen Sektoren wie Wohnungsbau und Energieversorgung. Durch den Koreakrieg 1950 öffnete sich der Welthandel auch für deutsche Güter. 1958 erhielt der Export durch die **Europäische Wirtschaftsgemeinschaft** (EWG) weitere Impulse.
Dies führte dazu, dass in den 50er-Jahren das Bruttosozialprodukt jährlich um rund acht Prozent zunahm, 1959 die Vollbeschäftigung erreicht war und in der Folgezeit **Gastarbeiter** ins Land geholt wurden.

(4) *Erläutern Sie den innenpolitischen Kurs der SED anhand der Krise von 1953!*

Die Wirtschaft der DDR geriet durch eine Konzentration auf die Rüstungsindustrie in einen Rückstand gegenüber der Bundesrepublik. Abgelenkt wurde davon, indem „Wirtschaftsverbrecher" als Sündenböcke herhalten mussten. Das **Gesetz zum Schutz des Volkseigentums** von 1952 diente der Legalisierung von Justizterror, der sich v. a. gegen Selbständige richtete. Die Lebensmittelversorgung litt erheblich unter diesem Vorgehen, zusätzlich erschwerten die **Rationalisierungen** die Grundlagenversorgung der Bevölkerung. Eine verstärkte **Fluchtwelle** in der ersten Hälfte des Jahres 1953 war die Folge.

Der Aufruf zu unvergüteter Mehrarbeit und die Erhöhung der Arbeitsnorm um ca. zehn Prozent führten Mitte Mai 1953 zu den ersten **Warnstreiks**. In dieser Situation rief die Sowjetunion zu einem **„neuen Kurs"** auf (Stalin war im März gestorben), der Liberalisierungen im privatwirtschaftlichen Bereich sowie Amnestie für die „Wirtschaftsverbrecher" vorsah. Verbittert war man darüber, dass jedoch die erhöhte Arbeitsnorm von der SED nicht zurückgenommen worden war. Das plötzliche Umschwenken wurde als ein Versagen der politischen Führung interpretiert. Am **17. Juni** eskalierte der Unmut der Bevölkerung in einem landesweiten Streik und Demonstrationsmärschen auf zentrale staatliche Stellen. Daraufhin griff die Sowjetunion als Besatzungsmacht ein und verhängte das **Kriegsrecht** (90 Menschen, darunter auch sowjetische Befehlsverweigerer, wurden erschossen). Innerhalb der SED wurde eine „Säuberungsaktion" durchgeführt.

Der SED-Staat hatte seine Macht nur mit Hilfe der Sowjetunion erhalten können und die Bevölkerung hatte die bittere Erfahrung eines aussichtslosen Widerstands gemacht. Die Hoffnung auf einen „menschlichen Sozialismus" zerbrach.

(5) *Erklären Sie an einigen Beispielen, was man im Kalten Krieg unter dem „Gleichgewicht des Schreckens" verstand!*

Nach dem Ende des Zweiten Weltkrieges bedeutete der rüstungstechnische (neben dem wirtschaftlichen) Vorsprung der USA ein wesentliches Machtpotential, mit dem die **„policy of containment"** durchgeführt und ein **„roll back"** der UdSSR erzeugt werden sollte.

Die UdSSR holte diesen Vorsprung jedoch mit der Herstellung der **Atombombe** (1949) und der **Wasserstoffbombe** (1953) auf. Der so genannte

Sputnik-Schock (Trägerrakete mit Satellit) von 1957 wurde durch das Nachrüsten der USA erst Anfang 1958 ausgeglichen. So war Anfang der 60er-Jahre eine Pattsituation entstanden, die als Gleichgewicht des Schreckens bezeichnet wurde.
1962 bildete die **Kuba-Krise** eine ernst zu nehmende Gefahr eines Atomkrieges und stellte damit einen Wendepunkt für die Situation des Kalten Krieges dar. Mit der Haltung des **„flexible response"** wurde eine Phase der Entspannungspolitik eingeläutet.

(6) *Geben Sie einen Überblick über die Ziele, Mittel und Folgen der gesellschaftlichen Aufbruchsbewegung in den 60er-Jahren in Deutschland!*

Vorläufer der deutschen Bewegung war die **Studentenbewegung in den USA,** die sich gegen den Vietnam-Krieg und für die Bürgerrechte der Schwarzen einsetzte. In den 60er-Jahren formierte sich eine vergleichbare Bewegung in den europäischen und deutschen Universitätsstädten.
Nach der **Bildung der Großen Koalition** im Bundestag wurde die Opposition nur durch eine kleine FDP-Fraktion gebildet. Richteten sich die Proteste der Studenten anfangs nur gegen veraltete Hochschul- und Ausbildungsverhältnisse, so weiteten sich die Demonstrationen auf alle politischen Gebiete aus und man verstand sich als **außerparlamentarische Opposition** (APO). Die hauptsächlich von der Jugend getragene Bewegung richtete sich **gegen überkommene Wertvorstellungen, Autoritäten** wie Schule und Elternhaus und gegen diktatorische **Staatsformen**. Im Juni 1967 kam es zur Eskalation bei einer Demonstration gegen das Unrechtsregime im Iran, als der Schah Res Pahlevi die Bundesrepublik besuchte. Der Tod von Benno Ohnesorg durch eine Polizeikugel führte zu bürgerkriegsähnlichen Zuständen. Die Demonstrationen wandelten sich nun in **Gewaltaktionen** mittels Straßenblockaden und Brandanschlägen gegen das Verlagshaus des Axel-Springer-Konzerns und gegen Kaufhäuser als Symbole des „Konsumterrors". Die Situation verschärfte sich nach dem Attentat auf den Studentenführer **Rudi Dutschke** und der parlamentarischen Diskussion um eine **Notstandsverfassung** der Bundesrepublik.
Ein Großteil der Studentenbewegung speiste sich aus der kommunistischen und marxistischen Ideologie, eine durchaus angestrebte Solidarisierung mit der Arbeiterschaft kam letztendlich nicht zustande.
Die **Folge** dieser Bewegung war eine **veränderte politische Kultur** der Bundesrepublik. Ein kleiner radikaler Teil ging in den Untergrund und agierte über den **Terrorismus** (z. B. RAF), viele Anhänger fanden jedoch in

der SPD ihre politische Heimat oder in der DKP. Angeregt wurde durch diesen Aufbruch in der Bundesrepublik eine ökologische politische Ausrichtung, die später in die Gründung der GRÜNEN mündete, sowie die Öffnung hin zu **neuen Lebensformen** und neuen Positionen im **Feminismus** und im **Pazifismus**.

(7) *Welche wesentlichen Regelungen wurden im Grundlagenvertrag von 1972 festgelegt und welche Folgen hatten diese?*

Der Grundlagenvertrag regelte die Beziehungen der Bundesrepublik mit der DDR. Er enthielt eine Respektierung der Selbständigkeit der DDR in inneren und äußeren Angelegenheiten. Dies entsprach jedoch nicht einer gegenseitigen staatlichen Anerkennung, sondern der Wahrnehmung einer Beziehung der „besonderen Art". **„Ständige Vertreter"** sollten statt Botschaften eingerichtet werden. Die **Unverletzbarkeit der deutsch-deutschen Grenze** wurde ebenfalls festgelegt. Einen großen Teil nahmen die Regelungen in praktischen und **humanitären Angelegenheiten** für die Bürger beider Staaten ein. Der **Vier-Mächte-Status** wurde nicht angetastet. In einem **Brief zur deutschen Einheit** an die UdSSR wurde der Anspruch auf eine deutschen Einheit nach westlichen Vorstellungen weiterhin bekräftigt.
Die Folgen waren nicht nur eine heftige internationale **Pressediskussion** über den Interpretationsspielraum der Zweistaatlichkeit, sondern auch eine **Klage des Freistaates Bayern** beim Bundesverfassungsgerichtes darüber, dass es sich hier um einen „Teilungsvertrag" handle, die jedoch abgewiesen wurde.
Die innerdeutsche Bewertung war ansonsten positiv, da hier ein „Vertrag für die Menschen" erkannt wurde. Eine **Entspannung des Ost-Westverhältnisses** begann, bis 1989 folgten insgesamt 70 weitere deutsch-deutsche Verträge. Auch im europäischen und internationalen Kontext zeichnete sich die Entspannung durch die **Aufnahme der beiden deutschen Staaten in die UNO** ab. Allerdings verschärfte die DDR aufgrund der „Erleichterung" der Durchlässigkeit ihren staatlichen **Überwachungsapparat**.

(8) *Welche inneren Reformen der frühen 70er-Jahre verbargen sich hinter der Devise „Mehr Demokratie wagen" von Willy Brand?*

Diese Parole bezog sich zum einen auf eine Erweiterung der Mitbestimmung und Mitverantwortung von Arbeitnehmern und ihren Organen (Gewerkschaften, Betriebsräte). Das spiegelte sich im 1972 verabschiedeten **Betriebsverfassungsgesetz** wider, das 1976 um das **Mitbestimmungsgesetz**

(Parität von Arbeitnehmern und Anteilseignern im Aufsichtsrat in Großbetrieben) ergänzt wurde. Es bedeutete aber auch einen **weiteren Ausbau des Sozialstaates**, z. B. durch das Rentenreformgesetz. Eine Reform des Ehe- und Familiengesetzes orientierte sich an dem Gedanken der Gleichberechtigung. 1976 wurde das Schuld- und Zerrüttungsprinzip bei Scheidungsfällen abgeschafft.
Eine weitläufige **Bildungsreform** sollte für Chancengleichheit auch für bildungsferne Schichten und eine bessere Ausstattung auf dem Bildungssektor durch kleinere Klassen, mehr Lehrer und neue Hochschulen sorgen.

(9) *Zeichnen Sie die Leistungen und Probleme der Regierung Schmidt in den 70er-Jahren nach!*

Das Kabinett unter Helmut Schmidt wurde nach dem Rücktritt Willy Brandts im Zusammenhang mit der Guillaume-Affäre gebildet. Motto seiner Regierung sollte **„Kontinuität und Konzentration“** (vgl. Regierungserklärung) sein. So wurde die **Entspannungspolitik** konsequent fortgesetzt und die **deutsch-französische Freundschaft** mit Valéry Giscard d'Estaing noch vertieft.
Das innenpolitische Gefüge der Demokratie wurde erschüttert durch die **Terrorismus-Anschläge,** bei deren Abwehr die Regierung Durchhaltevermögen bewies und im strafrechtlichen Bereich mit Verschärfungen antwortete.
Trotz der positiven Bilanz einer stabilisierenden Wirtschaftspolitik riefen der zweite Ölschock 1979 sowie die Umweltproblematik eine **Wirtschaftskrise** hervor, die durch die steigende Zahl der **Arbeitslosen** und einer damit verbundenen wachsenden **Staatsverschuldung** letztendlich zum Koalitionswechsel 1982 über ein **konstruktives Misstrauensvotum** führte.
Die FDP setzte ihre Koalition mit dem neuen Bundeskanzler Kohl fort.

(10) *Skizzieren Sie die außenpolitischen Vorkehrungen der Bundesrepublik, um den Einigungsprozess 1990 voranzutreiben!*

Zum einen musste die **Zustimmung der Siegermächte** des Zweiten Weltkrieges für eine Wiedervereinigung eingeholt werden. Zum anderen mussten die Interessen der **europäischen Staaten und deren Ängste** (vgl. Polen) vor einem vergrößerten Deutschland berücksichtigt werden.
Das außenpolitische Vorgehen der Bundesregierung enthielt daher eine Reihe von Zielen, die im Vorfeld der Einigung abgeklärt wurden. Der Wille

zur **europäischen Integration** über eine schnelle Wirtschafts- und Währungsunion sollte ein Garant für die deutsche Friedfertigkeit sein. Auch das bilaterale **Verhältnis zur Sowjetunion** wurde erneuert und gestärkt. Die Anerkennung der **Oder-Neiße-Grenze** als polnische Westgrenze wurde definitiv festgelegt.
Die intensive Westintegration seit der Adenauerzeit, die vertiefte Europapolitik und die mutige Ostpolitik Brandts hatten ein Vertrauensverhältnis in West und Ost geschaffen, auf dessen Basis diese Vorkehrungen getroffen werden konnten.

Themenbereich: Europäische Einigung und neuere weltpolitische Konstellationen

(1) Erläutern Sie Motive und Perspektiven des europäischen Einigungsprozesses!

Seit dem Ende des Ersten Weltkrieges entwickelte sich verstärkt die Idee einer wirtschaftlich und politisch engeren Zusammenarbeit in Europa. Eine **Überwindung der Nationalstaaten** und damit eine friedliche Völkerverständigung sollten erreicht werden.
In diesem Sinne hatten sich bereits in den 20er-Jahren intensiv die Außenminister von Deutschland und Frankreich, Stresemann und Briand, engagiert. Nach dem Zweiten Weltkrieg ergaben sich die Motive noch zwingender aus dem Ziel eines gemeinsamen **wirtschaftlichen Wiederaufbaus**. Auch die **Abwehr des sowjetischen Hegemoniestrebens** und der Wille, eine **dritte Kraft zwischen den Machtblöcken** zu bilden, förderten den Zusammenschluss. Für Deutschland speziell war die europäische Einigung zudem ein Weg, um in das Konzert der Mächte zurückzufinden.
Neue Perspektiven eröffneten sich durch den **Zusammenbruch des Kommunismus.** Die Europäische Union wurde zu einem Zentralisations- und Orientierungspunkt für junge Demokratien.
Durch den Beitritt Österreichs, Finnlands und Schwedens und das enge Verhältnis zu den EFTA-Staaten im **Europäischen Wirtschaftsraum** (EWR) wurde die europäische Zusammenarbeit wesentlich erweitert. Neue Ziele mussten in der gemeinsamen **Sicherheitspolitik** und **Rechtspolitk** definiert werden (vgl. Maastrichter Vertrag 1991). Auch die **Wirtschafts- und Währungsunion** schafft neue Rahmenbedingungen für die politische Situation Europas. Das Verhältnis von Union und staatlicher Souveränität ist eine Kernfrage der europäischen Identität.

(2) *Wodurch wurde Mitte der 80er-Jahre eine Wende in der Sowjetunion eingeleitet?*

Der **Rüstungswettlauf** hatte die UdSSR an die Grenzen ihrer Volkswirtschaft gebracht. Die **„Ära der Stagnation"** bedeutete in den letzten Jahren der Regierungszeit Breschnews ein stetiges Absinken des Lebensstandards der Bevölkerung. Auch unter Juri Andropow und Konstantin Tschernenko erfuhr die Politik keine erfolgreichen Impulse.
Mit dem Amtsantritt des Generalsekretärs **Michail Gorbatschow** im März 1985 wurde ein neuer Kurs eingeläutet. Unter den Stichworten **Perestroika** (Umgestaltung) und **Glasnost** (Offenheit) ging er die wirtschaftspolitischen Probleme seines Landes an. Ziel war ursprünglich nicht die Aufhebung des sowjetischen Sozialismus, sondern seine **Reformierung**.
Zu Gorbatschows Strategie gehörten die Verbesserung der Ost-West-Beziehung durch die **Beendigung des Rüstungswettlaufs** und eine **langsame Demokratisierung,** die sich in den freien und geheimen Wahlen zum **Kongress der Volksdeputierten** und in dem neu geschaffenen **Präsidentenamt** widerspiegelte. Das Machtmonopol der KPdSU wurde in der Folgezeit durch die eingeleiteten Veränderungen gebrochen. Der **INF-Vertrag** (Intermediate Nuclear Forces) von 1987 setzte mit der weltweiten Beseitigung aller Mittelstreckenraketen einen historischen Anfang, dem die Anerkennung der nationalen **Unabhängigkeit** der Ostblockstaaten, der **Rückzug aus Afghanistan** (1988/89) und die einseitige **Truppenreduzierung** auf sowjetischer Seite (1989) folgten.
Die Reformimpulse Moskaus leiteten eine verstärkte oppositionelle **Bürgerrechtsbewegung** in allen Mitgliedstaaten des Warschauer Paktes ein.

(3) *Erklären Sie an einigen Beispielen die Rolle der OPEC in der Dritten Welt!*

Die Organisation of the Petroleum Exporting Countries (OPEC) ist eine Interessensvertretung der Staaten, die überwiegend vom Export ihres Rohöls leben. Das Kartell wurde 1960 gegründet. Es kontrolliert die Preis- und Konzernpolitik und bildet dadurch einen Machtfaktor der Dritten Welt, der gegenüber den westlichen Industrienationen als Partner oder Gegner auftreten kann. Die vorrangig islamischen OPEC-Mitglieder betreiben damit auch eine anti-israelische Nahost-Politik. So setzten sie erstmals im **Jom-Kippur-Krieg** 1973 Erdöl als politische Waffe ein. Der durch den Lieferboykott gegen die USA und Europa ausgelöste **Ölschock** trug zur Weltwirtschaftskrise dieser Jahre bei. Eine zweite Eskalation dieser Art erreichte die OPEC 1979/80.

Seitdem hat sich die Lage verändert: zum einen gibt es Überlegungen zu Alternativenergien in den westlichen Ländern und zum anderen ist die OPEC durch interne Interessensgegensätze geschwächt und setzt auf eine Reduzierung des Ölexportes zur Stabilisierung der Preise.
Im **Golfkrieg** 1990/91 war die Haltung der OPEC gespalten, da Saudi-Arabien und die Emirate die USA unterstützten, Libyen aber den Aggressor Irak unterstützte. Dies schwächte insgesamt ihr wirtschaftspolitisches Vorgehen und schuf eine neue Abhängigkeit von den Industrieländern.

(4) Erklären Sie die Forderungen der Entwicklungsländer nach einer Neuen Weltwirtschaftsordnung (NWWO) und zeichnen Sie grob ihre Entwicklung seit den 60er-Jahren nach!

Der Teufelskreis der Armut in der Dritten Welt wurde von den Entwicklungsländern in den 70er-Jahren zum Großteil der bestehenden Weltwirtschaftsordnung angelastet. Daraus ergab sich die Forderung nach einer **Neuen Weltwirtschaftsordnung,** die die UNO auf der 29. Vollversammlung verabschiedete. Forderungen der Entwicklungsländer waren das Recht auf die Selbstkontrolle der Wirtschaftsresourcen, die Stabilisierung ihrer Exporterlöse (Integration ihres Rohstoffprogramms), die reale Verhältnismäßigkeiten zwischen Rohstoff- und Fertigproduktpreisen und Industrialisierung durch Technologietransfer.
Dieser Vorgang setzte Ende der 70er-Jahre den sog. **Nord-Süd-Dialog** in Gang, der jedoch in einer Hinhaltetaktik verebbte. Erst die Ölkrisen, der Zusammenbruch des Weltwährungssystems 1981, die Imperialismuskritik der Studentenbewegung und die Niederlage in Vietnam veränderten das Bewusstsein gegenüber den Entwicklungsländern.
Trotzdem blieb der **Ost-West-Konflikt** im Zentrum der internationalen Politik der 80er-Jahre, die Weltwirtschaftskrise verschärfte zudem die Situation der Dritten Welt und der Schuldenberg wuchs.
Die **Weltbank** und der **Internationale Währungsfonds** eröffneten dann zu Beginn der 90er-Jahre unter der Bedingung von marktwirtschaftlichen Reformen und Sparmaßnahmen eine neue Runde von Krediten. 1995 hat in diesem Zusammenhang die UNO mit ihrer jüngsten Organisation der **Welthandelsorganisation** (World Trade Organisation WTO) ihre Arbeit aufgenommen.

Stichwortverzeichnis

Ihre Meinung ist uns wichtig!

Ihre Anregungen sind uns immer willkommen.
Bitte informieren Sie uns mit diesem Schein über Ihre Verbesserungsvorschläge!

Titel-Nr.	Seite	Fehler, Vorschlag

Bitte hier abtrennen

Lernen ist ...
STARK

Zutreffendes bitte ankreuzen!

Die Absenderin/der Absender ist:

- ☐ Lehrer/in
- ☐ Fachbetreuer/in
  Fächer: ____________
- ☐ Seminarlehrer/in
  Fächer: ____________
- ☐ Regierungsfachberater/in
  Fächer: ____________
- ☐ Oberstufenbetreuer/in
- ☐ Schulleiter/in
- ☐ Referendar/in, Termin 2. Staatsexamen: ____________
- ☐ Leiter/in Lehrerbibliothek
- ☐ Leiter/in Schülerbibliothek
- ☐ Sekretariat
- ☐ Eltern
- ☐ Schüler/in, Klasse: ____________
- ☐ Sonstiges: ____________

Unterrichtsfächer: (Bei Lehrkräften!)

____

STARK Verlag
Postfach 1852
85318 Freising

11-VM9

Bitte ausfüllen und im frankierten Umschlag an uns einsenden. Für Fensterkuverts geeignet.

Kennen Sie Ihre Kundennummer? Bitte hier eintragen.

Absender (Bitte in Druckbuchstaben!)

Name/Vorname

Straße/Nr.

PLZ/Ort

Telefon privat für Rückfragen

Geburtsjahr

E-Mail-Adresse

Schule/Schulstempel (Bitte immer angeben!)

Sicher durch das Abitur!

Klare Fakten, systematische Methoden, prägnante Beispiele sowie Übungsaufgaben auf Abiturniveau mit erklärenden Lösungen zur Selbstkontrolle.

Mathematik

Analysis – LK	Best.-Nr. 94002
Analysis – gk	Best.-Nr. 94001
Analytische Geometrie und lineare Algebra 1 – gk/LK	Best.-Nr. 94005
Analytische Geometrie und lineare Algebra 2 – gk/LK	Best.-Nr. 54008
Stochastik – LK	Best.-Nr. 94003
Stochastik – gk	Best.-Nr. 94007
Integralrechnung – gk	Best.-Nr. 40015
Exponential-/Logarithmusfunktionen, gebrochenrationale Funktionen – gk	Best.-Nr. 40016
Wahrscheinlichkeitsrechnung und Statistik – gk	Best.-Nr. 40055
Analytische Geometrie – gk	Best.-Nr. 40075
Infinitesimalrechnung 1/11. Klasse	Best.-Nr. 94006
Infinitesimalrechnung 2/11. Klasse	Best.-Nr. 94008

Physik

Elektrisches u. magnetisches Feld – LK	Best.-Nr. 94308
Elektromagnetische Schwingungen und Wellen – LK	Best.-Nr. 94309
Atom- und Quantenphysik – LK	Best.-Nr. 943010
Kernphysik – LK	Best.-Nr. 94305
Elektromagnetische Felder, Schwingungen und Wellen · Photonen – gk	Best.-Nr. 94321
Physik 2 – gk	Best.-Nr. 94322
Mechanik 11. Klasse	Best.-Nr. 94307

Geschichte

Geschichte – Grundlagen, Arbeitstechniken und Methoden	Best.-Nr. 94789
Geschichte 1 – gk	Best.-Nr. 84761
Geschichte 2 – gk	Best.-Nr. 84762
Geschichte – gk K 12 Bayern	Best.-Nr. 94781
Geschichte – gk K 13 Bayern	Best.-Nr. 94782
Abitur-Wissen Die Antike	Best.-Nr. 94783
Abitur-Wissen Das Mittelalter	Best.-Nr. 94788
Abitur-Wissen Die Franz. Revolution	Best.-Nr. 947810
Abitur-Wissen Die Ära Bismarck	Best.-Nr. 94784
Abitur-Wissen Imperialismus und Erster Weltkrieg	Best.-Nr. 94785
Abitur-Wissen Die Weimarer Republik	Best.-Nr. 47815
Abitur-Wissen Nationalsozialismus und Zweiter Weltkrieg	Best.-Nr. 94786
Lexikon Geschichte	Best.-Nr. 94787

Chemie

Rechnen in der Chemie	Best.-Nr. 84735
Chemie 1 – LK	Best.-Nr. 94731
Chemie 2 – LK	Best.-Nr. 94732
Chemie 1 – gk	Best.-Nr. 94741
Chemie 2 – gk	Best.-Nr. 94742
Abitur-Wissen Stoffklassen organischer Verbindungen	Best.-Nr. 947304
Abitur-Wissen Biomoleküle	Best.-Nr. 947305
Abitur-Wissen Biokatalyse und fundamentale Stoffwechselwege	Best.-Nr. 947306

Biologie

Biologie 1 – LK	Best.-Nr. 94701
Biologie 2 – LK	Best.-Nr. 94702
Biologie 1 – gk	Best.-Nr. 94715
Biologie 2 – gk	Best.-Nr. 94716
Chemie für den Leistungskurs Biologie	Best.-Nr. 54705
Biologie – Grundlagen, Arbeitstechniken und Methoden	Best.-Nr. 94710
Abitur-Wissen Genetik	Best.-Nr. 94703
Abitur-Wissen Neurobiologie	Best.-Nr. 94705
Abitur-Wissen Verhaltensbiologie	Best.-Nr. 94706
Abitur-Wissen Evolution	Best.-Nr. 94707
Abitur-Wissen Ökologie	Best.-Nr. 94708

Politik

Abitur-Wissen Internationale Beziehungen	Best.-Nr. 94802
Abitur-Wissen Demokratie	Best.-Nr. 94803
Abitur-Wissen Sozialpolitik	Best.-Nr. 94804

Erdkunde

Erdkunde – Grundlagen, Arbeitstechniken und Methoden – gk/LK	Best.-Nr. 94901
Abitur-Wissen Entwicklungsländer	Best.-Nr. 94902
Abitur-Wissen USA	Best.-Nr. 94903
Abitur-Wissen Europa	Best.-Nr. 94905
Lexikon Erdkunde	Best.-Nr. 94904

Wirtschaft/Recht

Abitur-Wissen Volkswirtschaft	Best.-Nr. 94881
Betriebswirtschaft – LK	Best.-Nr. 94851
Rechtslehre – gk	Best.-Nr. 94882

(Bitte blättern Sie um)

Abitur-Prüfungsaufgaben

Viele Jahrgänge der zentral gestellten Prüfungsaufgaben an Gymnasien in Bayern, einschl. des aktuellen Jahrgangs. Mit vollständigen Lösungen.

Mathematik

Abiturprüfung Mathematik – LK .... Best.-Nr. 95000
Abiturprüfung Mathematik – gk .... Best.-Nr. 95100

Physik

Abiturprüfung Physik – LK .... Best.-Nr. 95300
Abiturprüfung Physik – gk .... Best.-Nr. 95320

Biologie/Chemie

Abiturprüfung Biologie – LK .... Best.-Nr. 95700
Abiturprüfung Biologie – gk .... Best.-Nr. 95710
Abiturprüfung Chemie – LK .... Best.-Nr. 95730
Abiturprüfung Chemie – gk .... Best.-Nr. 95740

Geschichte

Abiturprüfung Geschichte – LK .... Best.-Nr. 95760
Abiturprüfung Geschichte – gk .... Best.-Nr. 95780
Abitur Geschichte Colloquium – gk .... Best.-Nr. 95781

Sozialkunde

Abiturprüfung Sozialkunde – LK .... Best.-Nr. 95800
Abiturprüfung Sozialkunde – gk .... Best.-Nr. 95830

Erdkunde

Abiturprüfung Erdkunde – LK .... Best.-Nr. 95900
Abiturprüfung Erdkunde – gk .... Best.-Nr. 95930

Wirtschaft/Recht

Abiturprüfung Wirtschaft/Recht – LK .... Best.-Nr. 95850
Abiturprüfung Wirtschaft/Recht – gk .... Best.-Nr. 95880

Sport

Abiturprüfung Sport – LK .... Best.-Nr. 95980

Deutsch

Abiturprüfung Deutsch – LK .... Best.-Nr. 95400
Abiturprüfung Deutsch – gk .... Best.-Nr. 95410
Abitur Deutsch Colloquium – gk .... Best.-Nr. 95411

Englisch

Abiturprüfung Englisch – LK .... Best.-Nr. 95460
Abiturprüfung Englisch – gk .... Best.-Nr. 95470

Französisch

Abiturprüfung Französisch – LK .... Best.-Nr. 95500
Abiturprüfung Französisch – gk .... Best.-Nr. 95530

Latein

Abiturprüfung Latein – LK .... Best.-Nr. 95600
Abiturprüfung Latein – gk .... Best.-Nr. 95630

Religion/Ethik

Abiturprüfung Religion r.-k. – gk .... Best.-Nr. 95990
Abitur Religion r.-k. Colloquium – gk .... Best.-Nr. 95991
Abiturprüfung ev. Religion – gk .... Best.-Nr. 95970
Abitur ev. Religion Colloquium – gk .... Best.-Nr. 95971
Abiturprüfung Ethik – gk .... Best.-Nr. 95950
Abiturprüfung Ethik Colloquium – gk .... Best.-Nr. 95951

Kunst

Abiturprüfung Kunst – LK .... Best.-Nr. 95960

Ratgeber für Schüler

Richtig Lernen – Tipps und Lernstrategien für die Oberstufe .... Best.-Nr. 10483
Referate und Facharbeiten für die Oberstufe .... Best.-Nr. 10484

Natürlich führen wir noch mehr Titel für alle Schularten. Wir informieren Sie gerne!

Telefon: 0 81 61/17 90 **Internet: www.stark-verlag.de**
Telefax: 0 81 61/179-51 **E-Mail: info@stark-verlag.de**

Lernen ist ...
STARK

Bestellungen bitte direkt an:
STARK Verlagsgesellschaft mbH · Postfach 1852 · 85318 Freising